Bridget Mary Katherine

Herzschreiberei

Poesie und Gedanken

Bibliografische Information der Deutschen Nationalbibliothek: Die Deutsche Nationalbibliothek verzeichnet diese Publikation in der Deutschen Nationalbibliografie; detaillierte bibliografische Daten sind im Internet über dnb.dnb.de abrufbar.

© 2020 Birgit Maria Katharina Hopf
Covergestaltung & Illustrationen: Peter Steger
Lektorat: Dahi Tamara Koch
Herstellung und Verlag: BoD – Books on Demand, Norderstedt

ISBN: 9783751971577

Triggerwarnung:
Einige Texte in diesem Buch thematisieren:
Depressionen, Ängste, Panik, Essstörungen,
Derealisation / Depersonalisation,
Tod, Trauer und Tokophobie.

für meine Familie

meine Freunde

sein Herz

mein Herz

euer Herz

Ich möchte für diejenigen schreiben,

die zu viel denken

und zu erschöpft sind,

nicht mal eine Träne vergießen zu können.

Für jene, die nicht wissen, wie ihnen geschieht,

wenn jedes Gefühl viel zu viel wird.

Für jene, die immerzu lachen und sich glücklich stellen

und davon müde geworden sind.

Für alle, die ihren Selbstwert nicht spüren,

jedoch davon mehr besitzen,

als sie es je glauben würden.

Und für alle,

die sich in Worten wiederfinden möchten,

als wären es ihre eigenen.

ich möchte dir von meiner Poesie erzählen

bevor

du selbst Gedichte über mich schreibst

d e n n

Poesie ist unüberwindbar

vielerlei

eine Entscheidung unlängst

ist keine Entscheidung für dein ganzes Leben

sie wird dein Freund sein

solange du befreundet sein möchtest

du kannst dies auch beenden

und versuchen jemand Anderen zu finden

.

.

.

mit dem du Gleiches

oder

Neues erleben kannst

möchtest du sein

wie ein anderer ist

kannst du dir sicher sein

dass du nicht mehr einzigartig bist

jeder sucht

d a s   g e w i s s e   E t w a s

doch wer dies tut

wird niemals fündig werden

wenn ich alles im Griff habe
und überblicken kann
bin ich irgendwie ich
wachsam in der Eile
agierend ohne Weile

ich sehe hinab
wie auf ein Theaterstück
bin Verfasser und Regisseur
Schauspieler, Visagist und Friseur
kümmere mich um Schnitt und Ton
warte jedoch auf keinen anerkannten Preis
ihn selbst zu sehen ist der größte Lohn

habe alles im Griff
und gebe das Steuer nicht ab
Banales kommt mir nicht zu nah
zuvor wird der Rahmen geplant

darin bleibe und kontrolliere ich gekonnt
habe noch nie Besseres bewohnt
und war nie Anderes gewohnt

und am Abend
da finden sich wieder
die Buchstaben
welche sich tagsüber
in meinen Gedanken
gestapelt hatten

die Worte ergeben sich
präsentieren sich
ersichtlich
ordentlich
endlich

viel überlegt habe ich
und bin zu dem Entschluss gekommen
dass es wohl so sein soll
wie es ist

...

je mehr ich darüber nachdenke
desto weniger könnte ich mir
dies anders vorstellen

---

so sollte es sein
ich denke zu viel darüber nach
so ist es, lass es sein
denke ab sofort nicht mehr darüber nach

Es gibt so viel mehr
als wir zu glauben scheinen
und das, was es bereits gibt,
ist nur ein Bruchteil dessen,
was es zu geben scheint.

schenke mir ein
die große Portion
Mut
damit die Angst
endlich in mir
ruht

wenn der Tee / im Tässchen / verbleibt

kein Aroma / im kalten Zustand / vorweist

ist dies bereits / ein langer Abend

voller / Schwingungen

ausdrücklich / entgegengebracht

von twistenden / Empfindungen

ohne Schmuck und ohne Pein
mag ich nicht vollkommen sein

denn das getragene Behange
währt nicht all die ganzen Tage lange

um die Grässlichkeit der Umgebung zu ertragen
bin ich immer nur dabei, zu fragen

wann kommt denn endlich diese Toleranz
gleichgestellt mit einfacher Akzeptanz

wenn sich die Stille gestattet

zu traumatisieren

anstatt zu brillieren

habe ich vergessen

verliebt zu sein

:

ich habe Bedenken

zu kollabieren

:

es wird beliebter werden

immer zu schieben

und zwar nach hinten

zu verschieben

:

vielleicht wird es dann

etwas trübe

das Gefunkel entfernt sich

die Stille wird vermisst werden

:

ein wenig sprechen

kann mich vielleicht retten

um auszubrechen

immer **Mittelmaß**

immer **Mittelmaß**

nicht mal **drüber**

oder **drunter**

ein bisschen **verschieben**

ein bisschen **rüber**

immerzu **mittig und neutral**

sieht gut aus

ist aber **nicht real**

immer **Mittelmaß**

ist nicht immer

mittleres Maß am Skalenstrahl

eher das **Positionieren**

am unauffälligen Platz

während ich auf bessere Tage warte
vergaß ich zu bemerken
dass heute bereits
ein guter Tag war

viele Jahre

fühlen sich an

wie ein paar Tage

und dies

wiederholt sich

von Jahr zu Jahr

kreiere aus dem Leid eine Kunst
um stilvoll zu überleben

es ist nicht so schwer

menschlich zu sein

-

-

nicht jedes gesprochene Wort

muss aus Gold gegossen sein

nicht jede durchgeführte Handlung

muss mit Rosenblättern bestückt sein

nicht jedes tiefe Gefühl

muss mit bedeutsamen Inhalt gefüllt sein

-

-

so schwer ist es nicht

menschlich zu sein

ich sehe Sterne, Glitzer und Elfen

ob sie kommen um mir zu helfen

lässt mich nicht unabdingbar beschweren

das typische Verhalten zu verehren

werde ich langsam zu verträumt

habe die kristallklare Sicht versäumt

bewahrheitet sich der innere Narr

veranstaltet eine Unordnung ganz klar

(mein Lieber, ich bin zu verträumt)

Habe darüber nachgedacht, was gestern geschah.

Oh, ich vergaß, ich bin mehr als ein Querdenker.

Durchwirble noch mehr das Inventar.

Und ich versuche es doch.

Verwechsle Realität und Surrealität immer noch.

Ich bin ein schlechter Denker.

du denkst, du hast immer Recht

dabei weiß ich es dennoch zu schätzen

zu Beginn war dies ein Gefecht

auch mitten in der Nacht

habe ich kaum vernommen

dass es mir nichts ausmacht

wir kämpfen um den Verstand

wissen nicht warum und wovon

denn keiner von uns hat erkannt

es läuft uns die Zeit davon

ich denke nach
ein klein wenig
ein bisschen viel
doch das zu wenig

zu viel des Guten wird das sein
fühlt sich an wie ein schwerer Stein

das bekannte Lassen
von dem Fallen
ist das Grundrezept
von wirklich allem

einige Zutaten haben schon immer gefehlt
dabei habe ich sie nie nachgezählt

immer wenn jeder schläft

bin ich alleine

mit mir selbst

laufe um den Traum

der noch nicht eingetroffen ist

bevor ich einschlafen werde

ich bin zu müde

vom wach sein

und davon

werde ich nicht müde

ich bin zu wach

für meine Müdigkeit

und zu müde

um richtig wach zu sein

und am gediegenen Tisch wälzt sich die Geste

von güldenen Zügen in das Nächste

sodass die wohlschmeckenden Details gedeihen

genossen werden bevor alle weinen

wenn jeder an sich denkt
dann ist an jeden genug gedacht
dachte sich mal einer
der einfach nicht mehr aufhören konnte
an die anderen zu denken

anstatt

an sich selbst

jeden Tag etwas N e u e s

nur nicht mehr das G l e i c h e

denn das N e u e ist nicht mehr so g l e i c h

wie das letzte N e u e

und das neue N e u e noch neuer als das N e u e

vor dem jetzigen N e u e n

das G l e i c h e ist immer fad

Fades ist immer g l e i c h

dass etwas N e u e s fad sein kann

käme mir nicht in den Sinn

nur strengt mich die immer g l e i c h e Suche

nach dem N e u e n an

und will nicht mehr das N e u e s t e vergleichen

ich mach's ab jetzt n e u

und nicht mehr g l e i c h

und schon immer wolltest du haben

was du nicht hattest

und hattest schon immer das

was du nicht haben wolltest

wenn dich etwas beschäftigt

kann es dir doch nicht egal sein

und

wenn dir etwas egal wäre

würde es dich doch nicht beschäftigen

aber

> vor dem Hunger hattest du Durst
> und Durst vor dem Hunger
> hungrig macht dich dein Durst

und

> verdurstet bist du noch nicht
> denn Hunger lässt dich warten
> bis der Durst genügend scheint

so

> holt der Hunger den Durst ein
> nimmt das Mahl im hungernden Schein
> ist durstig zu verhungern bereit

denn

> zu unfruchtbar der Hunger
> hat der Durst schon verstanden
> alle Signale zu bewahren

in diesen / handgefertigten / Gefühlen

sitze ich / zwischen / den Stühlen

es war / für die / Ewigkeit

experimentierte / eine / Unbändigkeit

sie trug / die Permanenz / in sich

bis / das Dunkle / davon wich

persönlich oder nicht
normal oder verwunderlich
heute Instagram, gestern Facebook
irgendwie innerer Druck

....

auf Knopfdruck immer da und bereit
ab sofort eine Notwendigkeit
ich brauche es als mein täglich' Brot
die Freizeit leidet, Prestige tut Not

....

gefühlt schafft's jeder besser als ich
persönlich nehme ich das nicht
das neue Jahrtausend ist halt so
wahrscheinlich fühlt jeder ebenso

an Wunder zu glauben

kann der Träumerei

Konkurrenz machen

zugetan

du bist

die Erinnerung

zwischen diesen Zeilen

der Atemzug

zwischen meinen Worten

und die Nähe

zwischen allen Buchstaben

du erinnerst mich an ein L i e d

welches ich nie hörte

an einen F r e u n d

den ich nie hatte

an eine R o s e

die niemals verwelkt

an einen O r t

an welchem ich noch nie war

an eine H o f f n u n g

die keine H o f f n u n g besaß

du erinnerst mich an a l l e s

was es n o c h n i e für mich gab

augenfällig nicht erkannt
doch inne mit großem Renommee
wir sind mehr als verwandt
mein Herz ist wie ein weiter See

hoffe, glaube, spüre
möcht' mit all dem Ansporn mich
wagen durch die Türe
vorn' anfangen will ich nicht

immer wenn ich mit dir spreche
mein Echo in deinen Worten klingt
überdeckt es meine größte Schwäche
obwohl wir an verschiedenen Orten sind

du solltest dir im Klaren sein
ich möchte dich nur halten
und dich erfahren lassen
wie wir unsere Zukunft gestalten

hätte ich zuvor bedacht
binnen der Gegenwart
es wird mir Liebe zugebracht
die sich nie hat bewahrt

eines Tages letztendlich
und das versprech' ich dir
da fühlen wir uns unsterblich
wirst sein mein Elixier

wie habe ich es geschafft
dass du mich lieben kannst
in verwegenen Stunden sogleich
als auch in Witterungen so weit

hatte begonnen mich zu öffnen
im lahmen anfänglichen Bestehen
oder doch durch den Zufall der Wege
die keiner von uns hegte

kleinkarierte Filme wollen wir nicht drehen
den Schlaf kann ich nicht mehr nachholen
habe nicht vor
alleine die Gedanken zu gehen
vielmehr möchte ich mich zu dir legen

ich kann nicht glauben und realisieren
dass du mich mehr als ein bisschen liebst
obwohl du dich gerade an mich schmiegst

sei hungrig

sei gierig

sei zart

sei wachsam

sei bewahrt

bewahrt vor innigen, selbstlosen Küssen

des Zieles hinführend zu verführen

ohnegleichen so zart

.

in meinen Träumen singe ich für dich

obwohl ich mich nie daran erinnern kann

so schienst du unentbehrlich

bevor diese irreale Romanze begann

.

ich will dir was flüstern, hab' eine kleine Idee

hast du schon einmal ganz ausgelassen getanzt

am frühen Morgen noch vor dem ersten Kaffee

die verrücktesten Grimassen auf dein Gesicht gestanzt?

Nun bin ich die alleinig Reisende,
nicht mehr die ewig Weinende.

Suchte und fand den Weg nicht mehr zurück,
deshalb brauche ich dich und hoffe auf ein Glück.

Du brachtest mir die wundervollsten Blumen mit,
von da an liefen wir im selben Schritt.

Der Morgen als wir uns plötzlich trafen,
lässt mich seitdem nicht mehr alleine schlafen.

Im Herzen blühen die Blumen immer noch,
halte gedanklich fest,
wie jede e i n z e l n e roch.

Immer miteinander, beendeten wir jeden Schmerz
unwissend vor dem nächsten Tag.
Der Schall kam zurück und jonglierte an der Wand.
Auch wenn es sich nicht immer so anfühlen mag,
so ist doch alles gut.

Du hast <u>mich</u> und ich habe <u>dich</u>.

Nichts kann uns auseinander bringen,
auch wenn Grenzen überschritten wurden.
Vielleicht dachten wir zu viel
oder sind dann doch wieder zu spontan.

Doch vergiss nicht,
ich habe <u>dich</u> und du hast <u>mich</u>.

Ich hab da so ein Gefühl,

von dem kann ich nicht genug bekommen.

Jetzt entzündet sich dieses Feuerwerk,

welches ich schon so lange gesucht habe.

Lange gesucht und nun gefunden,

mit großer Anstrengung.

Süß und tiefgründig; spannend und scharf.

Hättest du gedacht, dass es so weit kommt?

Langsam und vorsichtig steigt der Eifer in mir hoch.

Ich bin stark und voller Hoffnung.

Indem ich mich selbst beobachte,

bemerke ich diesen positiven Wandel.

Endlich angekommen und erwacht

aus der Ungereimtheit.

Der Wunsch der dauerhaften Erfüllung ist vorhanden.

Ich traf jemanden, dem ich vertrauen kann.

Mehr als mir lieb war.

Die Angst ob es richtig war, erschwert mir das Ganze.

Doch kannst du sehen, wie ich mich verändert habe?

Wie mich diese Veränderung glücklich macht?

Diese Verbindung stärkt mich

und deshalb möchte ich bleiben.

Für immer.

du kannst schon gleich nach dem Aufwachen
die besten Witze machen

die schönsten Lieder singen
und mich zum Lachen bringen

den Weg vorgeben
größte Ziele anstreben

doch ich weiß es ganz bestimmt
dich nimmt etwas mit

wie sehr würd' ich es wollen
deine Gefühle seien nicht so verschollen

schenke mir dein Vertrauen
auf mich kannst du bauen

ich sehe zwar dein Lachen
doch ich fühle dein schweres Herz
vom wiederkehrenden Schmerz so gebrochen
ich werde dich nicht mehr verlassen
versprochen

du bist die Liebe meines Lebens

mehr brauche ich nicht zu sagen

lasse mich dein Herz f ü r i m m e r tragen

zum Erhalt deines liebreizenden Wesens

deine Hände liegen in meinen

vollkommen umgeben im Schutz derer

die Zeiten werden nicht mehr schwerer

denn keiner von uns soll mehr weinen

wie kann es nur sein

dass du mich so gut kennst

besser kennst

als ich mich je kennen könnte

denn jetzt frage ich mich ständig und ewig

warum kenne ich dich bis jetzt

so wenig

?

ein Wunsch / von großer / Bedeutung

kommt nicht / von allein

angetan / vor Rührung

kommt dieser / mit ins Haus / hinein

der Vergleich / ist nun / unbedeutend

steht jedoch / gepaart / vor der Wende

eiskalt / werden Lichter / vergeudet

so reiche / mir doch / deine Hände

ich hatte dich gesehen
es war um mich geschehen
ich wollte es noch mehr
um mich geschehen lassen
deswegen
kam ich öfter vorbei
als ich es eigentlich vorhatte

und dann konnte ich nicht mehr
genug von dir haben
so sollte sich mein täglich Brot
nur noch darauf beschränken
an dich zu denken

und je öfter wir uns sahen
desto mehr fragte ich mich
ob du dich nicht auch gefragt hattest
ob das alles geplant war

du sahst mich
winken
lächeln
rot anlaufen

ich ahnte
du wusstest warum
aber ich wartete
stetig
dass du auf mich zukommst

so ging es länger
und sogar einige Jahre
und irgendwann begriff ich

ich krieg dich nicht mehr soweit
mein ewiger Schatz zu sein

Mein Tanz spricht zu wenig,
erfasst im nächsten Momentum –
die Teilchen begnadeter Kraft.

So viel wie ich gab,
kann ich nicht mehr geben.
So dynamisch, tapfer und zephirisch
wie ich versuche zu wirken,
gleite ich langsam,
erschöpfend, erbarmungslos und bedacht
zu Boden und wirke immer noch taff.

Mein Tanz vollführt sich weiterhin,

tolerabel in meinem Sinn –

bewegt mich mit,

verführt vielleicht auch dich.

Immer wenn ich meine Augen schließe,

hältst du meine Hand.

Erwärmend,

sorglos,

ungemein erhellt von deiner Präsenz.

Es soll nie enden.

Unsere Seelen sind glorreich verbunden.

Niemals

muss unsere Geschichte umgeschrieben werden,

fürsorglich als ungesehen geschehen lassen,

denn es ist festgehalten und verinnerlicht.

Malerisch von vorne gedacht,

immer besser werdend.

Deine gutherzige Individualität passt in das Puzzle,

welches ich mir selber gebastelt habe.

Schau und versteh:

Dies ist keine Zufälligkeit,

sondern unsere Wahrheit.

Lass meine Hand nie mehr los.

Durch dich erfahre ich den höchsten Wert von Liebe.

Immer warst du so gut,

fürsorglich und wundervoll zu mir.

Wie kann ich dir denn je danken?

Gebe ich dir denn genug zurück?

Es gibt nichts, was uns auseinander treibt –

mit dir würde ich alles tun.

Jede Stadt erkunden,

jeden Gipfel erklimmen, jede Emotion ausleben.

Es ist überwältigend, ausgefüllt von purem Glück.

Wie kann ich dir denn je danken?

Gebe ich dir denn genug zurück?

Weißt du eigentlich,

wie schön du bist?

Ewig könnte ich über dich

singen, nachdenken, träumen.

Es hört nicht auf, sondern wird immer stärker.

Eine Entfernung zwischen uns kann nie prägend sein.

Denn du bist immer bei mir,

bis mein Herz den letzten Takt vollendet.

traf dich im warmen Sonnenlicht
es umrahmte dich bewundernd
atmosphärisch liebend dicht
verliebt und geliebt
niemals ohne unser Gedicht

Verliebte handeln anders.

Du musst mir nicht sagen, dass du mich liebst;
ich weiß es.

Es läuft anders, entspannt, wohltuend.

Kein Jagen, Warten, Verzweifeln.

Wir sind Verliebte, wir handeln anders.

Ich habe keine Sorgen mehr.

Du bist meine Sucht, du bist mein Leben.

Dass du mich liebst, musst du mir nicht sagen;
ich weiß es.

Zu versuchen und zu probieren –
nein, das gibt es nicht mehr.

Als Verliebte zu handeln, ist so schön.

Die weite Ferne der Zuversicht war wie neugeboren,

als die Musik erklang.

Weder traurig noch zermürbend,

ersichtlich erfreulich, fließend bestimmt.

Dein Herzschlag war meiner,

der Takt im Gleichschritt,

sodass mir die Tränen der Rührung kamen.

Gefunden habe ich was ich brauche,

geteilt ohne einen zweifelnden Akt.

Glaubte an das Finden – von Angesicht zu Angesicht.

Jeden Tag mehr gehofft, aber nicht geträumt.

Der Ton, der Hauch, die Sinne, die Dramatik;

es hatte mich nie verlassen, sondern fand den Weg.

Ich kann nicht ergründen, was dies heißen mag.

Es ist ein Zusammenhalt, ein Verbund.

Teilchen, nicht mal komplett,

verstreut vor meinem Leib.

Arg bedrückt und Rat suchend.

<u>Sie ist nicht leicht, diese Liebe</u>.

Verwachsen in meinem Inneren,

nicht mit völliger Fragerei.

Es war gut; es hatte Sinn.

<u>Wenigstens waren wir zu zweit</u>.

_____

_____

_____

_____

_____

_____

_____

in dieser Nacht

wolltest du mich nahe bei dir haben

um mich zu deinen Gefühlen einzuladen

dabei stand ein wenig Zweifel im Raum

dessen warst auch du dir bewusst

„ich bin doch ein altmodisches Mädchen"

kam mir in den Sinn

so wartete ich auf subtile Fragen deinerseits

bis ich selbst zu tief in deine Augen sah

und dir nur noch nahe sein wollte

Lass dich küssen auf die Stirn,
heute darfst du verwundbar sein.
Leg die Sorgen in meine Hand,
diese Tränen sind heute nicht dein.

Wie es dir jetzt geht,
ist nicht verwerflich noch peinlich.
Ganz natürlich und ohne Zwang,
ist dies mehr als reinlich.

Es wird nicht immer einfach werden,
wir beide wissen das ganz genau.
Jedoch sollst du manchmal auch Schwäche zeigen,
vielleicht löst sich so dein innerer Stau.

Heut' und auch morgen bin ich für dich da
und wenn der Morgen zu schnell kommt,
ziehen wir diese Tage ins neue Jahr.

wir sahen uns **gestern**

und es war doch nicht genug

vermute ich mal

denn deine Worte

klingen noch nach

du fragst

ob wir uns **heute** Abend sehen

(denn ich hätte nicht gefragt)

ich sage

so weit voraus

plane ich

niemals

schau mir in die Augen

erkennst du – diese schmerzhafte – durchdringende

Sehnsucht

deren Macht – ich – unterlegen bin

ein Sturm in der Tiefe meines Herzens

schwer erhebt sich – meine Stimme

jedoch – verstummt – der Ton

bitte halte meine Hand

womöglich – laufen wir – zusammen weg

und werden – ein wenig – jünger

– in die Zukunft verschwinden –

hab' gehört

ich schere mich nicht um mein Umfeld
doch sei dies alles berechtigt
bin ich nicht insgeheim dein Held
immer groß um dich vielbeschäftigt

hab' ignoriert

nicht ganz aufmerksam zu sein
kein Grund mich kleingläubig abzuklären
na ja – ich fall' öfter über mein eigenes Bein
denn ab und zu darf ich dir einen Blick
in mein Herz gewähren

Gerade noch an **dich** gedacht,
aber dabei **tatsächlich** gelacht.
Denn **wir** haben doch ausgemacht,
dass es **nie mehr** zwischen uns kracht.

Du hattest es mir doch beigebracht.
Genau, in jener **Nacht**.

Doch jetzt wenn ich's **genauer** betracht',
haben wir eigentlich **nur** rumgemacht.
Bin ich **wirklich** noch nicht aufgewacht
aus dieser **emotionalen** Schlacht?

Wenn ich es genauer anbetracht',
hat es meine **Leidenschaft** entfacht.

Hey, danke.

Für die Blicke deiner warmen Augen,
sie überraschten mich stets
und ließen mich an das Gute glauben.

Obwohl ich nicht fähig war zu sprechen,
konntest du mir dafür viel erzählen
und meine Schwäche durchbrechen.

Immer warst du an meiner Seite
und hast auf mich aufgepasst,
egal ob die Sonne schien oder es schneite.

Die Angst verbot mir zu leben,
so blieben mir nur hitzige Tränen
und trotzdem saßt du daneben.

In meinem Herzen lebst du weiter;
mein lieber Freund, ohne dich
hätte ich die Lebensfreude versäumt
und meine Sorgen nie verräumt.

<u>Danke</u>.

Wir sind unbesiegbar.
Zwei Diamanten,
welche unaufhörlich glänzen und brillieren.

Doch schwere Schnitte durchdringen
meine bereits übermächtigen Ängste.
Mein Gespür möchte nicht
diese modellierte Gewalt begleiten,
wenn auch mit versuchter Geduld.
Verspreche mir dein Vertrauen,
die existierenden Gefühle – und deine Liebe.

Ja, dieses Mal wollte ich alles,
ich wollte es sofort und nicht später.
Aus mir raus kommen,
verrückt sein, alles aussprechen.
Denn wir leben nicht für immer.
Ich wollte, wie einst in meinem Traum,
unbesiegbar sein.

es gibt keine Zeit
die verschwendet werden darf
deshalb schenke mir dein Herz
bevor die Zeit tatsächlich verschwendet worden ist

wir sind schön
zusammen noch schöner
ich zeige dir meine Liebe
wie ich sie noch nie
jemandem gezeigt habe
vermisst du mich schon?

sollten wir das verhindern
oder zulassen
mein Herz wird nie gebrochen werden
in deinen Händen
ich weiß das

wenn du fragst warum
sage ich

wie du bist

bin auch ich

müsste ich dich basteln
könnte ich dich gar nicht
so gut hinbekommen
wie du bereits bist

wie schön kann es sein
mit dir
der Musik der Nostalgie zu lauschen
während draußen
schon wieder der Morgen anbricht

du lebst und liebst und lachst
ich merke
dass du es richtig machst
lässt mich teilhaben an jedem Glück
möchtest einfach nie mehr zurück
dich missen muss nicht sein
denn du bleibst für immer mein

ein poetischer Kuss

ist nicht nur ein Kuss

es ist Liebe

auf einer anderen Ebene

wer wird mich finden

und mich lieben können

vielleicht werde ich

zuvor verschwinden

ich bin nicht fähig zu stehen

aber es ist alles in Ordnung

der Wahrheit muss ich noch einiges zugestehen

suche mich

finde mich

liebe mich

ich habe mir überlegt, meine Sachen zu packen
das ist mir lieber, als auf der Stelle zu treten
irgendwie bekomme ich hier nichts mehr gebacken
ich glaube ich muss mal weg
um sicherzugehen

habe immer noch so vieles im Kopf
Worte, die du an mich gerichtet hast
ab jetzt hänge ich nicht mehr am Tropf
mein Feuer ist innerlich bereits entfacht

denn immer im September
da denke ich etwas mehr als sonst
warte schon zu sehr auf Dezember
dabei ist noch nicht mal November

doch bevor das jetzige Jahr
das nächste Jahr übergibt
begebe ich mich lieber in eine kleine Gefahr
bevor ich mich wieder in dich verlieb'

Deine Augen so schön und in Unschuld getunkt,

beinahe ein Guss von exemplarischem Prestige.

Ein tollender Wink im ungeheuerlichen Moment,

bebende Trunkenheit im göttlichen Gelage.

Eigen vornehmlich farbenfroh,

angenehm bestimmend voller Risiko.

Alles schien einfach und vorzeigbar,

fühlte mich unbändig und wunderbar.

G r o ß e   T r ä u m e,

v i e l   i m   S i n n,

d o c h   n i c h t s   d a v o n   w a r   w a h r.

Viel Aufregung, Romanzen und blinde

Liebe,

gaben mir Stiche und

Seitenhiebe,

in Erinnerung blieben nur herzlose

Triebe.

ich weiß

dass ich dir

mehr bedeutet habe

als es dir lieb ist

zuzugeben

ich glaube sogar

du hast mich geliebt

aber du bist nicht hier

und wir beide wissen

wärst du hier

würden wir uns einfach

nur lieben

obwohl ich dir vertrauen kann

lege ich dir Handschellen an

stets zu bändigen in jedem Fall

zu verhindern den großen Zerfall

ignoriert, belächelt, stehen gelassen
habe immer noch nicht über's Herz gebracht
dich dafür zu hassen
<u>durchgehend an die schönen Zeiten gedacht</u>

unvorhergesehen stehst du wieder da
bereit mich zu umarmen
denn plötzlich bin ich dir wieder kostbar
<u>nun soll ich dich wieder ertragen</u>

verdiene ein Wohl
welches dir nicht liegt
du warst noch nie mein Gegenpol
<u>mein Verstand hat über mein Herz gesiegt</u>

ich sah nicht
dein
echtes ***ICH***

und verliebte mich
in dein
echtes ***NICHT***

so warst du kein ***ICH***
aber das
verstand ich nicht

ich liebte niemanden mehr
als dein
echtes ***NICHT***

bislang nur kurze Zeit getrennt

sie geht immer so schnell vorbei

mit dieser ist die Liebelei zertrennt

vorher eine so schöne Malerei

aber so ist dieses Ende unvollkommen

entstanden durch unerfülltes Gelüst

wer von uns beiden ist mehr benommen

immerzu von der Sehnsucht geküsst

ich sehe dich vor mir stehen

warum entrinnt nicht nur eine einzige Zähre

um zu ertragen wie wir untergehen

du bist nun fort auf deiner Fähre

du siehst,

meine kleine Welt bricht ein wenig zusammen

gerne würde ich es noch einmal versuchen

versuchen, unsere Herzen

noch einmal

miteinander zu *v-e-r-b-i-n-d-e-n*

du siehst,

meine kleine Welt bricht ein wenig zusammen

diese Taktlosigkeit

es tut mir leid

ich möchte versuchen

unsere Herzen wieder

miteinander zu *v-e-r-b-i-n-d-e-n*

du siehst,

meine kleine Welt bricht ein wenig zusammen

Dominanz über Leere, über leere Herzen

ich brauche wieder ein ehrliches Lächeln

um die Hoffnung

nicht zu *v e r l i e r e n*

ich will doch unsere Herzen wieder

miteinander *v-e-r-b-i-n-d-e-n*

noch ein einziges Mal

hoffentlich kannst du das sehen

bevor wir uns wieder v e r l i e r e n

dieses Geschreibsel ist nur für dich
es soll wortwörtlich ausdrücken
dass bei all diesen Emotionen die ich sende
ich nicht weiß
wie ich sie beende

denn manchmal war es ein Traum
der seine Anhänger im Schlafe suchen mag
und daran festzuhalten kann wahren
nicht mit Bewunderung zu sparen

am nächsten Tage bist du in den Straßen gewandert
um zu tanzen und Auffälligkeiten zu sammeln
du wolltest nicht anhalten oder umkehren
und warten die Nächste zu verehren

in mir kam der große Stopp zustande
wie lange sollte es noch dauern
bis mein Herz zu bröckeln beginnt
und die Hoffnung nur noch mehr zerinnt

darauf und dann hielt es nicht mehr an
unbekümmert im wundersamen Gang
steuerte uns die Leidenschaft nun fort
dass es nicht mal brauchte ein Wort

die Überzeugung war stets groß
dir das Beste gegeben zu haben zu jeder Zeit
in der alles schien wie der schönste Sonnenschein
von mir hörte man nicht mal leise ein "Nein"

dann wolltest du wieder Regen
warum so viel Regen, Regen, Regen
jeder einzelne Tropfen hat dir etwas bedeutet
eingesaugt neue Freiheit erbeutet

Anmutige Worte,

herz-umschmeichelnde Gesten,

prägnante Blicke.

Wohlwollende Überlegungen auf verschiedenen Ebenen,

durchzogen von Selbstsicherheit.

Ich rannte um mein Leben,

umgeben von Magie und Erleuchtung.

Mein Herz brannte und ich schrie,

die Sternschnuppe über mir folgte meinem Weg.

Was muss ich denn noch alles tun?

Denn nichts tun,

das kann ich nicht.

Ja,

manchmal würde ich gerne einen Fluch auf uns setzen,

damit ich es nicht selbst tun muss,

für den Schrei nach Aufmerksamkeit.

Ich brauche doch eigentlich nichts.

Ich will nur dich.

Mein Gewissen fragte mich endlos,
was wäre passiert, hätte ich dich je gesehen?
Konnte mir nur vorstellen, es sei grandios,
doch so war die Realität nicht mehr zu überstehen.

Ich hatte mich verliebt in dich,
obwohl ich dich noch nie sah.
Ein kleiner Teil von mir fühlte sich lächerlich,
der große war dir zu nah.

So sollte es sein,
denn irgendwie kam ich da hinein.
Ich war verrückt nach dir,
du schienst mein einziges Lebenselixier.

Fern von der beständigen Wirklichkeit,
gab es für mich keine andere Möglichkeit.
Ich sagte Lebewohl zu meinem Empfinden,
um mich wieder an mein echtes Leben zu binden.

Es sollte so sein, dass wir uns nie gesehen haben.

. . .

ich wünschte

meine Tränen

könnten uns befreien

von all dem Leid

und der Ungewissheit

aber sie laufen

und sickern nur

in mein *aufgesetztes Lächeln*

. . .

küss' den Himmel
tief entspannt und verändert
fragil in Gelüst geschlendert
leb' die Verletzlichkeit
flüsternd das Verlangen
langsam hinunter gezählt

küss' den Sonnenstrahl
vor dem Untergang
in das weite Meer
leb' den Wandel
ehe die Epochen
an das Gewissen klopfen

von Liebe hatte ich bereits etwas gehört
theoretisch und sinnbildlich
früh setzte ich die Hoffnung kenntlich
zu erleben bevor mich Sehnsucht zerstört

unsere Gemeinsamkeiten
konnte ich im Schlaf buchstabieren
kurz nachdem ich dich kennengelernt hatte
und dich doch noch nicht richtig kannte
wollte ich schon den besten Platz
in deinem Herzen reservieren

bis dahin war ich vor Angst benommen
und war noch nicht dazu gekommen
eine Seele zu berühren
und Liebe zu verspüren

ich wollte einfach dich
und weiter hatte ich nie überlegt
ich war 16 oder 17
und so sehr bewegt

ich tat es nur

-

ich fühlte es nur

-

ich wollte nur dich

-

und hoffte stetig

-

du willst auch mich

-

--

---

doch das wolltest du nicht

Es zertrümmerte mich,

als du mich in meinen schlimmsten Zeiten,

voll umgeben von ungewisser Finsterkeit verließest.

Angst schlich sich in meinen Körper,

Gedanken zersprangen in Einzelteile,

die ich nie mehr zusammenfügen konnte.

Ich versuchte herauszufinden,

ob ich mein Herz zu sehr geöffnet hatte.

Daraufhin entschied ich, dies nie mehr zu tun.

So öffnete ich nie mehr mein Herz.

Funktionierte dafür ein wenig mehr.

Blieb zuhause und verschloss die Türe hinter mir.

Ich suchte nach dem Ort,
welchen niemand betreten sollte,
begab mich in die dunkelste Ecke.

Ich sah in den Himmel.
Du wolltest mich finden
und nach Hause bringen.

Vieles kann ich überlegen,
formulieren und niederschreiben,
doch ich schaffe es nicht, dich zu fragen.

Bitte zeige mir mein Zuhause,
auch wenn mein Herz
darin nie mehr wohnen wird.

Ich werde dich niemals

so glücklich machen können,

wie du es verdienst.

Täglich hast du Schmeicheleien für mich übrig.
Ich grinse dich mit geröteten Wangen an.
Wie kann denn nur alles so perfekt sein?

Je mehr ich darüber nachdenke,
desto mehr möchte ich mir Zweifel einreden.

Das Feuer, das in uns gemeinsam lodert.
Die Sinfonie, die in uns gemeinsam erklingt.
Die Hingabe, welche sich bereits verbunden hat.

Wird das ausreichen,

dass du glücklich bist und dies für immer bleibst?

Mit mir?

Habe ich das Recht zu entscheiden,

zwischen schicksalhaftem Glück

und

verzweifeltem Abschied?

In Gedanken,

da verabschiede ich mich manchmal von dir.

Ich wünsche dir jemanden, der besser ist,

der dich nicht anschreien muss,

wenn das Ego mit mir durchgeht.

Ich wünsche dir jemanden, der besser ist,
der dir mehr danken kann,
obwohl ich dir mehr als mein Leben verdanke.

Ich wünsche dir jemanden, der besser ist,
der dich noch fester halten kann,
immer wenn du es brauchst.

Ich denke zu viel.
Doch durch dieses Denken
entscheide ich,
ob du mich lieben darfst
oder nicht.

Ich verspreche dir, wenn ich gehe,
dann liebe ich dich trotzdem für immer.
Denn ich will dir das schenken, was du verdienst.

Ich liebe dich genug, wenn auch nicht gut genug.

Und in Gedanken habe ich mich bereits

von dir verabschiedet.

Werde mir für immer einreden,

es wäre das Beste

für uns beide gewesen.

Ich liebe dich.

Bevor der Sommer vorbei ist.

Es gab mal eine Zeit,

da schien das Tageslicht heller und leuchtender zu sein

als je vermutet.

Ein Genuss der Zufriedenheit,

ein wohliger Vertrauensakt innerhalb unserer Welten.

Oh ja, ich erinnere mich noch an deine letzte Nachricht,

sie gab mir alles und nichts,

was waren das für Zeichen?

Die Erinnerung erlosch nie,

doch das Streben näherte sich dem abgrundtiefen

Graben von Empfindsamkeit.

Müssen manche Dinge enden, um im Universum

mit diversen Zeichen von Zeit abzuschließen?

Oh ja und als ich dich das letzte Mal hörte –

ein Klang dessen, was ich immer hören wollte.

Ein bisschen Vernunft gepaart mit Schmeicheleien,

eine große Portion Ehrlichkeit,

verbunden mit Respekt.

War dies das letzte Zeichen von dir?

Ich hörte dies und das,

kaum Greifbares in der Schwebe unserer Verbindung.

Womöglich müssen manche Dinge enden.

Oh ja und nun ist Sommer,

schwül mit langwieriger Hitze

und brennenden Sonnenstrahlen.

Es vergeht die Zeit,

aber nicht der Sinn nach Jemandem,

den ich bei der Hand halten kann.

Sag mir doch, was soll ich tun?

Bevor der Sommer vorbei ist...?

Vergebung ist irgendwie auch ein Liebesakt.

Ich dachte immer,

alleine kann ich alles tun, was ich will.

Doch nun weiß ich,

zusammen mit dir will ich alles tun, was ich kann.

erfahren

- das halbe leben -

- hast du geträumt -

- und darin gelebt -

- ohne das träumen -

- zu bereuen -

- dennoch war es -

- niemals -

- verwegen -

- denn es half dir -

- zu bewegen -

- was die idee -

- nicht immer schafft -

- jedoch den traum -

- zum glücke macht -

Also denk' ich mal an nichts und lerne neue Tricks.

Probiere aus,
schon morgens aus dem Haus zu gehen,
auch wenn das Bett schreit,
du sollst es nicht lassen allein.

Gewohnt den Kaffee zu schlürfen
mit Zucker und weniger Milch.
Es handelt sich eher um's Gefühl als Bedarf,
denn dunkel stand mir bis jetzt besser
und lieber alles zu süß, als zu riskant scharf.

Denn das, was mich wärmt,
halte ich in Händen.
Das, was mich nährt,
erhalt' ich durch Spenden.
Das, was mich hält,
ist manchmal nur Geld.

Daheim habe ich's vergessen,

von welchen Interessen

war ich so besessen,

welche mich heute

noch immer so stressen?

Ich brauche wieder

'ne Süßigkeit

und sage mir:

„Ist nur 'ne Kleinigkeit".

Teile mit mir deinen regen Wahn,
sonst gerätst du leicht aus der Bahn.
Womöglich glaubst du dies selber nicht
und machst erneut deine Schotten dicht.

Doch ich teste ganz vorsichtig,
ob ich dein Wesen verändern kann.
Vertrauen kannst du dir selbst nur richtig,
wenn du an mehr als Gesagtes glaubst.

irgendwann

schaue ich auf *morgen*
so komme ich in Gedanken
was alles passieren könnte

schaue ich auf *gestern*
so komme ich in Gedanken
was ich falsch gemacht habe

schaue ich auf *heute*
so komme ich in Gedanken
was ich gestern tat
und morgen tun werde

Irgendwie
lebe ich zu wenig
um zu leben.

Spieglein, Spieglein an der Wand,
was gibt es zu sehen
über den Tellerrand?

Wofür bin ich denn hier eigentlich,
sind Liebe, Freude, Harmonie
für's Leben eine Strategie?

Ich muss den Sinn des Lebens finden,
während im Spiegel mein Gesicht
noch zu mir spricht.

Spieglein, Spieglein an der Wand,
ich brauche keine Wiedergaben,
Erlebnisse werde ich noch viele haben.

fern vom Glauben
meiner Bemühungen
werden sie reifen, gedeihen, sich lohnen

gestanzt von all den Ermüdungen
wenig registrierten Bestätigungen
die allesamt in mir wohnten

somit bemerkte ich erst das späte Glück
als ich aufhörte zu glauben
ich hätte es verdient

doch nun bin ich mir bewusst
es kam auch zu mir
und auch ich darf es genießen

Der Alltag geht dahin, die Blüten wachsen und gedeihen,
ich kann die Demonstration des Windes spüren.

Meine Hände zittern leicht;
diese sanfte, unwirkliche Berührung lässt mich erstarren
und raubt mir den Atem.

Ich blicke hinauf in den Himmel, ich lächle vor mich hin.
Ich bin froh und irgendwie leicht, doch ich spüre,
dass meine komplette Verwandlung
noch nicht eingetreten ist.

Das Glück, das ich mir erhoffe,
kommt doch nicht von allein.
Sollte ich mir nicht einen Ruck geben
und es selber in die Hand nehmen?
Oder ist es besser abzuwarten
und die Dinge auf mich zukommen zu lassen?

Die Verschmelzung beider Faktoren kann einen Erfolg
auf bescheidener Ebene bringen.
Ich sollte meinem Glück wirklich auf die Sprünge helfen,
aber vielleicht auch ein wenig vertrauen.

das Leben nach dem Trubel
ist still

zu still
um zu tanzen
und
zu rasch gekommen
um zu bleiben

es ist immer dann still
wenn ich tanzen möchte

und der Trubel ist immer dann
wenn ich es
still brauche

Sehnsucht ist das

was ich meine zu wollen

zu suchen und zu vermissen

woran ich immer denke

und hoffe es einfangen zu können

um es stets nicht mehr vermissen zu müssen

ob ich das zu kennen scheine oder nicht

wird nicht von Belang sein

denn das Verlangen nach dieser Sucht

nach welcher ich mich sehne

bleibt immerzu gegenwärtig

einen Witz habe ich für euch

er bahnt sich an, doch zündet nicht

wahnwitzig, dafür halte ich mich

jedoch nur aus Schutz

denn eigentlich will ich sein

<u>ein Bild der Fröhlichkeit</u>

Jeden Tag versuche ich es

und am nächsten Tag wieder, wieder und wieder.

Ich weine um mich selbst,

um meine verzweifelten Versuche.

Nicht nur äußerlich, auch innerlich zerfalle ich.

Um mich die liebsten Menschen,

doch ich bemerke sie nicht.

Ihr kennt mich, doch ich verstecke alles,

was mich mehr zeigen würde.

Ich versuche es doch,

jeden Tag und den nächsten Tag.

Es geht wieder von vorne los.

Ich zerfalle innerlich und wie man sieht,

auch äußerlich.

Doch ich kann mich aufrappeln

und versuche es morgen wieder...

Oh, all die einsamen Herzen dieser Stadt,
wir schauen auf euch, wir beurteilen euch.

Hey, du.
Hinterfragst du dein Äußeres,
möchtest du unauffindbar sein
und in das nächste Flugzeug steigen?

Womöglich besitzt du nicht genug Selbstironie,
sonst würdest auch du
über deine müden Augen schmunzeln.
Du fühlst dich nicht gut genug;
du möchtest
einen gesonderten Eindruck hinterlassen,
dessen Hauch alles ausmergelt.

**Du wirst älter
und kannst nicht mehr mithalten.**

Wer soll dich verehren,
wer darf dich plagen,
wer kann denn mitziehen?

Auch wenn du sagst:
Liebe heile dich,
Liebe umhülle dich,
Liebe vertriebe die Angst –
auch du musst
vollkommene Aufmerksamkeit senden.

Wo ist die Liebe in unserer Kulisse?
An jenen Orten, wo wir vergebens suchten,
litten wir erneut.
Tiefgründig soll sie sein.

Die Liebe?
Jedenfalls das, was wir meinen, zu suchen.

an diesem Ort bin ich unverwundbar

bis jetzt ungewiss, ob je annehmbar

immer wieder sah ich ein goldenes Gesicht

in mir entstand dringlich ein Gedicht

die Worte sprangen hoch voller Furchtlosigkeit

hielten nie still wegen einer Kleinigkeit

war immer überzeugt, alles gesagt zu haben

doch es entstehen immer wieder neue Fragen

Als ich vom Winde noch davongelaufen war,
die Sicht nach vorne noch so weit.
Der Augenblick weitläufig, aber doch so nah,
auf diesem Wege war ich so frei.

Vielleicht drehten die Wolken noch eine Runde,
um mich zu versetzen.
So klar schien die Sonne nicht jedes Mal,
wenn ich mich herauswagte und Schritte tat.

Bis es ankommt im selben Bewusstsein,
hat die Brise noch ein letztes Mal
brillierend umkreist und sich abgewendet,
ihre Kraft zuletzt noch wirkungsvoll verwendet.

Es ist wie in einem Schloss.
In einem Schloss,
in dem ich lebe
und mir bis zum letzten Zentimeter
alles alleinig gehört.

Ich darf hier <u>a l l e s</u>,
ich kann hier <u>a l l e s</u>,
ich tue hier <u>a l l e s</u>,
denn verboten ist <u>n i c h t s</u>
und <u>a l l e s</u> was hier steht,
ist mein Besitz.

Es wird mir alles serviert,
mit nichts gespart
und erlaubt ist <u>j e d e s</u> Wort,
welches ich wage;
geheime Wünsche gibt es nicht,
denn jeder weiß,
was ich in der nächsten Minute sage.

Doch bis zur Wand ist Schluss,
danach ist kein Halt,
mein Halt ist mein Schloss,
doch hier drinnen
ist es sehr kalt.

Bin es nicht anders g e w o h n t,
als kühlende Herrschaft zu g e n i e ß e n,
deshalb kann ich nur noch
harte Regeln b e s c h l i e ß e n.
Mein Seelenleid ist z u g e k n ö p f t,
für's Fühlen bin ich zu e r s c h ö p f t.

So bin ich hier,
in meinem Schloss,
bekomme alles
und mehr als ich will;
doch was ich will,
kann mir nicht erfüllt werden,
denn das, was ich will,
liegt mental in Scherben.

noch nie war ich an diesem Ort
bis eben sprach ich kein einziges Wort

ich dachte immer zu fühlen
kommt vor dem Zerwühlen
der vielen Gedanken
die tagtäglich schwanken

doch nun bin ich hier
direkt neben dir
alles scheint hell
ein wenig zu grell

kann nichts anderes machen
als verlegen zu lachen
sprach bis eben
kein einziges Wort
an diesem Ort

ich fühle mich gut

und traue mich dies
k a u m
auszusprechen

habe ich meinen Verstand verloren

oder ist mein Verstand

über mich gewachsen

ich kenne mich so gar nicht

denn ich fühle mich gut

Du musst dich nicht verstellen und lachen,
wenn du nicht lachen willst,
auch wenn dies jeder in der Runde so macht.

Du musst nicht laut sein,
wenn dies nicht dein natürliches Gemüt ist,
denn ruhig zu sein, ist nichts Verwerfliches.

Du musst nicht an einer Unterhaltung teilnehmen,
nur damit du „etwas" sagst.
Wir alle haben eine eigene Vorstellung
von guter Konversation.

Denn wer unter den Lauten leise ist,
ist einfach gedanklich laut
und sprachlich leise.

Oder hat vielleicht einfach keine Lust
auf das Gerede der Anderen.

Ich möchte dieses Haus verlassen,

damit meine eigenen Augen sehen,

wie schön der Himmel sein kann.

Doch ich fasse noch keinen Mut,

obwohl die Sonne nie mehr strahlte,

als in diesem Moment.

An einigen Tagen,

da war ich kurz davor,

doch ich habe Sorgen,

dass genau dann der Regen von oben fällt.

Es wird kalt sein, inmitten von diesem Versuch.

Kann mir jemand sagen,

ob auch der Regen schön sein kann?

Ich geb genug

so denk' ich mir

sie wollen mehr

so denk' ich mir

aber jeder denkt

und keiner will

so denk' ich mir

warte nicht auf Fragen
die keiner beantworten kann
all das
„wieso, weshalb, warum"
ist zu spät ins Visier geraten
um neue Feststellungen zu wagen

klassisch gesehen möchte man sagen
die Zeit welche noch vor uns liegt
hat nicht weniger zu bieten
als jene die zurückliegt
darum warte nicht auf Fragen

---

die keiner beantworten kann

Und wenn du dann zu Hause bist,

machst du die Türe hinter dir zu und sperrst ab.

Du wechselst die Klamotten.

Bequem, leicht, nicht perfekt sitzend.

Im Bad entfernst du dein Make-Up.

Passend gemalte Augenbrauen,

den feierlichen Lidstrich

sowie die dichten Wimpern.

Deine zuvor makellose Haut

errötet sich durch feine,

nun sichtbare Äderchen.

Die Lippen werden schmaler,

als dein Lippenstift sanft weggewischt wird.

Du siehst dich im Spiegel.

Schaust dir tief in die Augen.

Betrachtest deine nackte Seite.

Und diese möchtest du nicht zeigen,

denn du hast bereits allen

deine perfekte Seite gezeigt.

Du versteckst dich, weil du denkst,

du bist nur wertvoll, wenn du perfekt bist.

Und dabei gehört dein nacktes Gesicht

genauso zu dir.

Egal, welche Kleidung du trägst

oder wie makellos dein Make-up ist.

Doch du möchtest dich so einfach nicht zeigen.

Du hast Angst, abgelehnt zu werden.

Deshalb siehst du deine nackte,

verletzliche Seite nur im Spiegel.

Daheim, alleine.

Spannung gedeiht

in deinen gediegenen Worten

ausgefüllt mit Buchstaben

die mich verändern

und Last aufwiegen

mein Gesicht

voll Wonne

die Augen getränkt

in Reue

die Wangen glühen

vor Scham

der Mund trocken

vom innerlichen Schrei

kennst du mich so gut

wie du dich selbst?

/ so viele / Erkenntnisse /

/ habe ich / in mir / wandeln sehen /

/ und noch immer / lässt mich / der Blick /

/ in den Spiegel / flehen /

/ selbst / sage ich mir / die schönste Poesie / auf /

/ dabei / versinkt alles / in diesem Kreislauf /

/ Emotionen / haben mich / fest im Griff /

/ betrete / ich / so lange / das Schiff /

/ welches / mich bringt / in die umsorgende / Welt /

/ diese / wird nur / in Gedanken / erzählt /

Ich sehe die Katze in dir.

Ab und zu & ab und an,
schleichst du dich ganz langsam heran,
um deine Sinne zu schärfen,
dich in deine nächste Mission zu werfen.
Wenn du gehst, dann gehst du so,
als wär' die Maus schon gar nicht froh,
bevor du sie leider als Beute beendest
und du dich dem nächsten Opfer zuwendest.
Doch liegt es dir mehr im Gemüt,
zu suchen das, was dich vergnügt.
Dich anzuschmiegen, das magst du
und Streicheleinheiten lässt du zu.
Doch Augen und Ohren sind immer bereit,
für Abenteuer zu jeglicher Zeit.
Unzählige gibt es, sie lauern da draußen
und eigentlich lässt es sich überall hausen.

Durchbrechen kann ich es nicht,

auch wenn es schon geknackt hat.

Das Blatt hat zwei Seiten.

Der Anfang ist eine Seite,

die zum Ende führt.

Auch das hat eine Seite.

Voll getarnt in der Heimlichkeit aller Seiten,

kann es nicht herausgefunden werden.

Und wenn es gebrochen ist,

hat es noch zwei Seiten.

So wie zwei Richtungen,

liegt jede jeweils auf der Schulter auf.

Das Getümmel deiner Narben

will die Richtungen vorgegeben haben.

Und so hat alles zwei Seiten.

der Mund schneller als das Hirn

„*frech*"

steht auf der Stirn

dass es mir nicht schmeckt

bemerkt jeder

bevor der Tisch ist gedeckt

knittrige Bluse

keine vorbildliche Muße

Flecken der Lieblingsschokolade

und gleich drauf noch ein bissl' Marmelade

gekündigt vom Job

vielleicht hatte ich auch keinen Bock

jemand wie ich

ist so widerlich

stets lege ich meine Worte

in deinen Mund

dies ist eines meiner Rekorde

vielleicht bin ich zu jung

um zu verstehen

oder du zu alt um zu sehen

dass ich alt geworden bin

von deinen Einzelheiten

jetzt hab' ich halt andere

Dringlichkeiten

Wenn wir uns verändern,

verändert sich alles mit.

Ein Prozess der Entstehung,

der neu beginnenden Entfaltung

und sei diese noch so klein –

nimmt dennoch die

nächststehende Freimütigkeit ein.

Mensch, Umfeld, Gefühl und Allerlei

nimmt sich Unserer wahr

und so bekommt jeder

seinen kleinen Teil.

zu sein kann weh tun

wenn das *Sein*

nicht ist

was man sich *verspricht*

du glaubst es ist einfach

in mir zu lesen

das Versuchen vom versuchten

Einfach - sein

ist nicht einfach

Eines kann ich dir sagen:

Einige Dinge sind unausgesprochen.

Kaum von dir gehört,

bemerke ich diese Trübung umherwandern.

Alles, was ich jemals wollte,

schreitet durch die fabelhaften Gedankengänge

meines Daseins.

Ringsherum Stimmen, Gelächter, Tratsch.

Es ist witzig, es stört mich nicht.

Eines kann ich dir sagen:

Manche Dinge sind unausgesprochen.

Das Erscheinen beschämender Röte ist nun

auf meinen Wangen angekommen.

Ein vermeintlich,

nicht willkommener Einmarsch von Schmeichelei.

Nun stoßen mich die Tränen von meinem Thron

und mein altbewährter Stolz sinkt mehr in die Tiefe.

Eines kann ich dir sagen:

Viele Dinge sind unausgesprochen.

Ich sehe in den Spiegel, erkenne mich einfach nicht.

Suche den tiefsten, inneren Kern meiner Seele,

welcher mir unabdingbar zustimmen soll.

Missverständnisse kommen an die Macht,

doch ob ich sie jemals vermissen würde,

wenn sie nicht mehr existent wären?

Eines kann ich dir sagen:

Alle Dinge sind unausgesprochen.

Was ist das für ein Empfinden?

Warum fühle ich mich urplötzlich so einsam?

Das Geschehene konkurriert

mit all meinen Bedenken.

Unsicherheit meinerseits hat sich verstärkt.

Kaum daran gedacht,

schon eine neue Gesinnung verinnerlicht.

Eines kann ich dir sagen:

Unausgesprochen ist das, was uns Angst macht.

Ich trug die Perlen
meiner Verletzlichkeit auf der Haut,
wie ein Kind die Unschuld auf dessen Haupt.
So war das Bestehen von langer Dauer
und griff mir nicht ins Geschehen ein.
Wurde manchmal sanft geschubst
und war dennoch auf der Lauer.
Wenn meine gesprochenen Silben
nicht vollständig ankamen,
waren sie bereits getrennt worden
durch den sauren Regen des Schicksals.
Verletzt zu sein, war das kleinere Übel.
Meine halben Sätze ankommen zu sehen,
bei größter Anstrengung, tut bis heute weh.
Könnte ich den Weg langsam zurück tippeln,
so könnte ich besser vorwärts gehen.

Doch das kann ich nicht.
So werde ich nur noch ab und zu
in die Vergangenheit spähen.

Emotionen halten dich am Leben,

lassen dich mit deinen Gedanken

jedoch in eine andere Dimension gleiten.

Sie versprechen dir die heile Welt

der erstrebenswerten Dinge,

welche sich auch mit Schwärmereien

vergleichen lassen.

V e r s i n k e n und V e r g e s s e n

vereinbart sich durchaus,

doch schleppt es dich in die Derealisation,

was Aufnahmefähigkeit und Scharfsinn

der Realität schwächen lässt.

"Träume nicht dein Leben,

sondern lebe deinen Traum",

habe ich mal gelesen.

Und wenn sich beides verbindet?

Gibt es das und soll es das geben?

Der Versuch, in sich zu gehen

und dies herauszufinden, scheitert.

Vielleicht sollten wir doch weiter

t r ä u m e n ?

Du bist das, was du denkst zu sein.

Also, was denkst du?

betrübt

für mich ändert sich nichts

egal ob du meine Gedichte

deuten könntest

oder nicht

denn leider weiß ich

dass du sie niemals

lesen wirst

um nicht alleine zu sein
gehst du mit jemandem mit
denn sonst bist du einsam

um nicht einsam zu sein
gehst du mit jemandem mit
denn sonst bist du alleine

denkst du
du kannst nur einsam sein
wenn du alleine bist

denkst du
du wirst alleine sein
wenn du einsam bist

wenn du alleine bist

kann deine Einsamkeit

Raum gewinnen

aber wenn du mit jemandem mitgehst

bist du zwar nicht alleine

und kannst dennoch einsam sein

alleine sein

ist nicht

einsam sein

einsam sein

ist nicht

alleine sein

ich trauere um dich
als wärest du schon fort
dabei bist du noch immer hier
neben mir

frage mich von Zeit zu Zeit
je nachdem
und ab und zu
wie wird das nur sein
wenn dein Weg
dich von mir zieht

———————————

wo bist du dann

———————————

wo kann ich dich

———————————

dann wieder finden

Wer verschlossen bleibt,

wird angegriffen.

Wer sein Herz öffnet,

wird angreifbar.

keine Rose tröstet mich
ich sehe das Ende immer noch nicht
obwohl es schon geschehen ist

jeden Tag trinke ich meine Tasse Tee
glaube immer noch du sitzt neben mir
dabei war die Distanz schon geschehen
ich bemerkte es nur noch nicht

so viel Kraft lag in uns
davon war ich überzeugt
irgendwann hat dich nichts mehr interessiert
und ich war irgendwie verwirrt

liebe ich dich immer noch
oder bin ich zu traurig
mir alles einzugestehen
vermisse immer noch Hand in Hand
mit dir durch die Straßen zu gehen

dennoch hat mein neues Kapitel begonnen

Du siehst mich lachen, strahlen und nie alleine.

<u>Mir geht es gut, glaub mir das</u>.

Du hast mich schon *gestern* lachen,

strahlen und nicht alleine gesehen.

<u>Glaubst du mir nicht, dass es mir gut geht</u>?

Du siehst mich *immer* lachen, strahlen und nie alleine.

Ich weiß doch, dass es mir gut gehen ***sollte***...

der Rauch reizt meine Augen
treibt die Tränen an
doch diese gab's bereits zuvor

frage mich, ob ich nun
nur noch Zimt und Kakao
inhalieren soll

ich brauche nicht noch mehr
was meine Hand
zum Zittern bringt

streu' mir Glitzer aufs Haupt
möchte nicht traurig wirken
sondern nur noch reflektieren

.

du funktionierst, du weichst aus

weichst den Fragen

deiner Befindlichkeit aus

du funktionierst so, wie du gebraucht wirst

dabei fühlst du dich so

als würde dich keiner brauchen

denn du spürst

wie es in deinem Herzen regnet

wie diese Tropfen zu Boden kommen

und sich dort weiter regen

.

.

.

nimm dir die Zeit, sie aufzuwischen

Gefühle -

die sich in mir erbauten -

als deine Lippen -

meine berührten -

waren zutiefst -

traurig -

oder vielmehr -

niederschmetternd -

du wusstest -

und -

ich wusste -

wir beide -

werden niemals -

zusammen gehören -

außer -

in diesem Moment -

je mehr ich dir

meine geheimnisse offenbarte

desto mehr

hoffte ich

ich gehöre

d i r

doch leider

hoffte ich zu viel

und nun gehören

meine offenbarten geheimnisse

d i r

Es blutet nicht nur in meinem Herzen –
das habe ich dir noch nicht erzählt.
Es weht innerlich keine Brise –
es entsteht ein Sturm.
Bin nur enttäuscht,
wenn du mich nicht fragst.

Langsam brennt es nach oben,
meine Stimme wird porös.
Manchmal dachte ich,
ich sage „Lebewohl".

Es ist immer noch so leise,
wenn ich versuche, dich zu fragen.
Irgendwie mag ich es ja,
zu betteln.

Dieser Sturm ist ein Orkan.
Er bringt mich nicht nur durcheinander,
sondern bringt mich um.

Mindestens zweimal,

mehr als dreimal,

vermutlich viermal,

sehr wahrscheinlich unzählige Male.

So oft habe ich mich einiges gefragt.

Ich war mir nie sicher und das hält bis jetzt an.

Weiter und weiter. Wahrhaft unantastbar.

Ich fragte immer weiter

und grub mich in mein Innerstes.

Ich fand nicht viel,

außer dass ich meinen Verstand fast verlor.

Wenn ich mich zu viel frage,

möchte ich keine Antworten mehr.

Wenn ich zu viele Antworten bekomme,

möchte ich gar nichts mehr fragen.

Für wen soll ich denn freundlich bleiben?

Irgendwie eine traurige Vorstellung,

welche dennoch Realität ist.

Da hatte sich keiner richtig um mich gekümmert,

ich selbst sowieso nicht.

> *Erklären, das möchte ich doch gewiss,*
> *doch ihr lasst mich alle nicht.*

- -

Letztens, da war es doch so ähnlich,

doch da ließ ich mich *noch nicht* aus der Ruhe bringen.

Heute ist es anders, mein Zorn spricht aus mir,

tanzt mit meiner Mimik Ballett.

Ich arbeite hart, mit Fakten, unbändiger Kraft

und dem stolzen Ausdruck eines Löwen.

Ich zeige was ich fühle, das ist doch in Ordnung?

Das ist doch in Ordnung, oder etwa nicht?

> *Ist es denn jetzt in Ordnung?*

Ja, es bedrückt mich mehr.

Und nicht weniger.

Alle Annäherungen waren enttäuschend.

Meine Noblesse ist nun mickriger als je zuvor.

Verstehst du, für wen soll ich denn freundlich bleiben?

Das Handy klingelt.

Neue E-Mail ist reingekommen.

In der Stadt traf ich wieder auf jemanden,

mit dem ich nicht reden mag.

Keiner wollte sich um mich kümmern,

oder gar mal nach meinem Befinden fragen.

- -

Dabei schere ich mich doch auch um andere.

Aber ich kann das womöglich nicht so gut,

mich um mich selbst kümmern.

Merke ich gerade.

Da ich nicht mehr freundlich sein kann.

Da ich lieber weinen möchte.

Und jemanden brauche.

Und ich kann leider immer noch nicht freundlich sein.

Das war ich zu oft,

wenn ich eigentlich traurig sein wollte.

- -

Ich sage jetzt zu mir:

"Lasse Traurigkeit zu

und traue dich, um Hilfe zu bitten."

bitte verlass mich nicht
auch wenn ich betrunken bin
von den leidigen Schmerztropfen
gebündelter Angst

vielleicht kannst du ja bleiben

da unverzeihlich

reagiere ich sicherlich

ganz arg unübersichtlich

mit vielen Worten beendet sich

diese Tragödie geradezu vorbildlich

deine unvergleichlichen Eigenschaften
machten mich komplett
die Gefühle verbanden sich nicht nur im Kreis
sondern auch im Dreieck
möchte nicht mehr sprechen
seit du fort bist
habe mir immer gewünscht
dass du mich nie vergisst

geliebt habe ich dich bereits
bevor ich dich traf
es hätte wohl mehr als nur
Worte, Gefühle und Gesten gebraucht
seitdem finde ich einfach keinen Schlaf

ich hoffe
du hast mir damals
wenigstens
ein bisschen vertraut

Ich habe Wut, möchte aber keinen Streit beginnen.

Doch du gehst von mir, es ist für mich das Ende.
Du hast viel getan für mich
und ich habe dich immer beschützt.
Doch nun scheint es, ich sei ersetzbar.
Dies bricht mein Herz nicht nur.
Dies lässt es sterben.
Du hast immer nur dich geliebt.

Nie mich.

Meine Enttäuschung lässt mich dich
mit Worten bestrafen.
Doch ich habe nie gelernt, Wut auszuleben.

Und obwohl ich augenscheinlich leide,
bist du für mich der Leidtragende.

Ich möchte nicht schlafen gehen,

da sonst zu schnell der nächste Tag anbricht.

Die neuen Herausforderungen

und täglichen Verpflichtungen

rauben mir das Sein

im jetzigen Moment.

Meine eigentlich wohlbehütete Heimat
beheimatet den Schmerz der Vergangenheit,
welche mich stetig begleitet hat
zu meinem ausgereiften *Ich*.

Ich sitze hier vor diesem Bach,
blicke in den Himmel, es ist fast Nacht.
Es ist kalt, so bitterkalt.
Ich sehne mich nach deiner Anwesenheit.
In Gedanken habe ich dich schon gefunden,
denn ich brauche dich,
auch wenn ich dich noch nicht kenne.

Werde warten, bis du mir mal begegnest.
Wird dies auch hier sein?
An diesem Bach, die Luft so bitterkalt?

Ich weiß, du fragst dich dasselbe,
auch wenn du mich bis jetzt
noch nicht kennst.

B i s   b a l d

Ich habe kein Lächeln mehr übrig,

um noch glücklich auszusehen.

Es regnet, es donnert, es stürmt,

ich bin jetzt erst angekommen.

Stand der Dinge:

Es ist aufgebraucht, mein Lächeln.

Ich habe kein Lächeln mehr übrig,

um noch glücklich auszusehen.

Es tat weh.

Ich mochte dich doch.

Ja.

Ich mochte dich.

Doch ich rannte weg.

Zu Recht.

Ich rannte weg.

Der Klang hallt nach,

immer dumpfer.

Halt, bitte sag nichts mehr.

Ich habe es nicht mehr übrig,

dieses Lächeln.

        Ich bin nicht mehr glücklich.

        Ich suche nach dem Glück,

        welches einzig es zu finden gilt.

könnte auch ich ein Engel werden
so wie du
würde ich dich besuchen
oder sogar bei dir bleiben
für immer

ich erwische mich oft
mit diesen Gedanken
denn, weißt du
ich vermisse dich
einfach sehr

seitdem du
nicht mehr da bist
ist es dunkler geworden
und die Wärme
ist unauffindbar

würdest du hier stehen

würde ein glänzender Schein

dein Gesicht erhellen

und dich noch mehr

verschönern

meine Gedanken sind wie

kostbare Souvenirs

die ich immer aufbewahren muss

denn sie sind das Einzige

was ich habe

von dir

Es war doch noch gestern,
als wir dort gesessen haben,
vielleicht auch erst eine Minute her.
Glücklich, an manchen Tagen zu berauscht
von unseren Erlebnissen.
Sie brannten sich in mein Gedächtnis,
doch noch viel mehr
leben sie in mcinem Herzen.
Ich konnte die Zeit nicht anhalten
und kann es immer noch nicht.

Jemand von uns ist gegangen,
ich weiß jedoch nicht wer.

Plötzlich war es so weit.
Und doch nur einmal möchte ich zurück zu dir,
wie gewohnt.
Warum manche Worte noch immer in mir wohnen
wie eine Gewohnheit
und jeder Tonfall von dir mich umgibt,
kann ich niemanden fragen außer mich.
Diese Geschichte ist jetzt vorbei.

Ich vermisse dich.

Doch ich werde dir versprechen,
ich halte deine Hand dabei,
genau jetzt.
Wir sehen uns wieder,
denn einer von uns musste gehen.
Doch wir werden wieder vereint werden

und dann sind wir beide für immer.

ich gehöre zu denjenigen
die anscheinend traurige Augen haben

ich stehe hier
und schau doch zu mir
ich lache

ich bin ein Mensch
der sich verstellen kann
und sein wahres Gesicht
nie
zeigen kann

Meine größten WÜNSCHE habe ich dir erzählt.

Doch du hast nur darüber gelacht.

Ich dachte, es war nur ein Versehen.

So erzählte ich noch ein bisschen mehr

und erkannte erst zu spät,

dass ich zu offen und gutgläubig war.

Mehr als

EHRLICHKEIT

konnte ich dir nicht schenken,

es war das Einzige, das ich dir bieten konnte.

Meine SCHÖNHEIT war nur ein Trug,

dem Filter sei Dank,

der Pose im Spiegel

hab ich's anerkannt.

Gesehen habe ich dich nie

und nun bin ich froh,

dass ich wenigstens meine IDENTITÄT

schützen konnte.

es wird mir vorgeworfen

hemmungslos zu sein
nicht mehr zu lieben
als hätte ich mich falsch entschieden

es tut weh dies zu hören

es schwächt
zu rechtfertigen ohne Resonanz
dabei wünscht sich auch der Kläger
Akzeptanz

und doch wirst du nie verstehen

wie viel Liebe ich in mir trage
trotz dieser überwindbaren Meilen
sind es mehr als nur tägliche Zeilen

<u>aber ich weiß</u>

du wirst es immer schwer haben zu verstehen
bei dir war nämlich bis jetzt alles bequem
aber das macht nichts
denn bei mir ist alles im Gleichgewicht

<u>ich lebe und liebe</u>
<u>gleichzeitig</u>

denn sonst sterbe ich innerlich
und dann bin ich nur noch
ein leeres Angesicht

<u>*irgendwie will ich mich immer rechtfertigen*</u>

ich wollte dir nur noch einmal

Hallo

sagen

mich an die wohl in schlechter Erinnerung

gcblicbenen

Taten

wagen

habe nicht mehr im Gedächtnis

was ich

Falsches

tat

wünschte, du hättest mir dies

nur einmal

deutlich gesagt

ich frage mich bis jetzt

und auch

weiterhin

in Zukunft

würdest du dich freuen

wenn ich dir noch einmal

Hallo

sagen würde?

du musst mich ein wenig gehen lassen
um mich richtig lieben zu können
ich sehe Probleme, die ich nicht ignorieren kann

merkst du, wenn ich so ganz bleibe
werde ich innerlich immer einsamer

es ist nicht wegen dir
ich liebe dich

und manchmal liebt man sich noch etwas mehr
wenn man voneinander getrennt ist

du gibst mir alles, was du mir geben kannst
doch das was ich brauche, kannst du mir nicht geben

ich fürchte mich, berechnend zu wirken
und dabei ist doch das Wichtigste für mich
dass ich dich nicht mitziehe
in dieses dunkle Loch

...

ich mag dich, doch muss ich allein sein und tragen
mein sentimental - besticktes Bestehen bewahren

Zeichen zu verstehen und sie zu erden
die Nähe verweigern, nicht irre zu werden

innerlich bin ich zum Teil schon verstorben
denn kein Gedanke wurde je geborgen

bleib bei mir, auch wenn ich verfeindet bin
stecke schon länger selbst tief mittendrin
gegensätzlich bereits abgedroschen verfeindet
vielleicht bist du derjenige, der mehr leidet

Ich möchte alleine gelassen werden,
aber brauche jemanden an meiner Seite.
Ich möchte kein Wort sprechen,
aber alles sagen, was mich belastet.
Ich möchte nichts tun,
aber endlich leben.

Verstehst du mich?

entfalten

Auch wenn es scheint, die Dinge würden sich nie ändern.

Sie tun es.

Alles ist in Bewegung.

Du kannst es vielleicht nicht sehen,

denn die Schritte sind zart, vorsichtig, leise.

Die Dinge ändern sich

von allein.

Wenn du gehst,

mit jedem Schritt voran,

passiert es.

Zeit für Zeit,

Stück für Stück –

es passiert.

Die Dinge ändern sich, auch wenn es nicht so scheint.

du tust so viel
und kommst trotzdem nicht
hinterher
und anderen helfen
geht schon gleich
gar nicht mehr
bald musst du dich zurückhalten
sonst bist du innerlich leer

/ jeder will / ein Stück von dir /
/ jeden Tag / ein bisschen mehr /
/ das Stück / ist ein wenig süß /
/ dieses Stück / ist freundlich /
/ und das zu sehr /

hör' auf damit
sonst gibst du dich bald ganz her

tue, was du liebst

und

liebe, was du tust

strahle an, wen du magst

und

möge denjenigen, der dich anstrahlt

tanze, wo du möchtest

und

wenn du möchtest, dann tanze

weine, wenn du musst

und

wenn du musst, dann weine

glaube das, was du fühlst

und

fühle das, was du glaubst

von heute nach morgen gereist
als ein Botschafter
der dir einiges für heute
leichter machen möchte

ich sehe also heute auf dich
dabei schaue ich von morgen aus darauf
plane nicht zu viel voraus
ich bin heute ausnahmsweise hier

heute, also genau jetzt
wird ein guter Tag
auch wenn du dies nicht
glauben kannst oder willst oder magst
deine Gedanken im heutigen Soll
werden nicht schlechter sein
bis morgen

denn morgen, das ist morgen

und heute, das ist noch nicht morgen

und heute wird ein guter Tag

so wie auch morgen

ein Tag an sich

ist nicht schlecht oder verschleiert

es sind die Geschichten

die passieren

und sich nicht ausradieren lassen

aber lasse den Tag

noch einen Tag sein

gehe so durch den Tag

und mache das Gleiche morgen

so wie jeden Tag danach

so wie du es immer tun würdest

kann nicht sehen

was an mir bezaubernd sein soll

lehre mich bitte zu sehen

was du sehen kannst

vielleicht

bin ich lernfähig

zieh das aus

was dich erschwert

zieh das an

was dich ehrt

Du siehst ja, die Tage vergehen

und das nicht zu langsam.

Manchmal gibt es die Momente,

in denen alles ewig dauert und sich hinzieht.

Doch immer wieder, am Ende des Tages, denkst du dir:

Es ist ja schon wieder abends.

Und vielleicht würdest du dich ein bisschen mehr freuen,

wenn du früher begonnen hättest mit dem,

wonach du dich sehnst.

Doch vergesse nicht:

Es ist nie zu spät.

manchmal bin ich so traurig
dann weiß ich einfach nicht
wohin damit
ich kann mich hassen so viel ich will
aber besser wird es dadurch nicht

vielleicht spüre ich das so in mir
damit ich
D I R
sagen kann
dass du dich nicht hassen sollst
egal wie traurig du bist

vielleicht schaffst du es nicht
in jeder Sekunde deines Lebens
dich zu lieben

aber du musst es schaffen
dich zu akzeptieren
nur so kannst du
existieren

und lass mich dir sagen
das Leben ist schön
und so bist auch du
verwandle deine Traurigkeit in Kunst
und die Wut in Dunst
der von dir zieht

ich sehe

was dich bedrückt

ich sehe

was du denkst

ich sehe

ein Wunder

von Mensch

mit emotionaler Intelligenz

all das

was du nicht sehen kannst

werde ich dir

ausdrücklich mitgeben

besser jetzt

als irgendwann

Ich fühle mich so unvollständig.

Ich stehe auf,

sehe mein Gesicht im Spiegel,

sehe mich selbst jedoch nicht.

Ich starre in die Leere meiner Augen.

Ich fühle mich nicht lebendig.

Ich muss abnehmen,

ich brauche neue Haare,

ich muss sympathisch wirken.

Ich muss studieren,

muss spenden

und auf Partys gehen.

Ich sitze da,

ich weine,

ich schreie,

ich übergebe mich,

ich falle zu Boden.

Ich fühle mich im Schmerz des Strebens

nach einer anderen Persönlichkeit.

Ich soll so sein, wie ich einfach bin.
Ohne Panik, ohne Schuld, ohne Fragerei.
Ich suche nach einer Vervollständigung
mit Druck und Hochglanz.
Vollständig bin ich bereits,
aber ich muss es lernen.

Ich habe es noch nicht gelernt.
Denn ich fühle mich so unvollständig.
Es wird mir das Gefühl gegeben,
einfach nur anders sein zu müssen.

Findest du es denn nicht schön zu sehen,
dass jedes Individuum
sich um diese Welt dreht und versteht,
dass dieses Ausstrahlen von eigener Präsenz,
dem Seelenleid einfach mehr Liebe schenkt?
Manch einer sieht nicht,
wie sich jede Kritik schwerwiegt
und Steine auf denjenigen legt,
der versucht zu sein wie er ist.

Sein zu können,

ohne den Anschein der Oberflächlichkeit:

Das ist rein.

Auch wenn jeder, der sich umdreht

und krumm bewegt

sich nicht verstellen kann,

dass jeder Unnachahmliche die Kraft besitzt,

genau dich

in dessen Bann zu ziehen.

---

w e n n   i c h   l a u f e

komme ich voran

auch wenn ich langsamer bin

als die anderen

---

w e n n   i c h   l a u f e

bleibe ich vielleicht mal stehen

auch wenn ich öfter stehen bleibe

als die anderen

---

w e n n   i c h   l a u f e

bin ich stolz auf jeden Schritt

denn jeder Schritt nach vorne

ist einer näher ans Ziel

Wenn du tanzt, kannst du nicht sitzen,

jedoch sehen, wann die Sonne aufblitzen wird.

Das Vertrauen, welches du versuchst zu finden,

wird dich in jedem neuen Gelingen begleiten.

Die Macht der Gedanken kann dich auch

murren lassen oder hungrig machen.

Vom Leben um zu lieben kann nicht erwartet werden,

sich zu sorgen und dabei in Scherben zu zerfallen.

Schau' auf dein Gemüt um zu sehen,

was ich dir verspreche:

Es wird immer weitergehen.

ich wollte ein bestimmtes Bild von mir
in deinen Kopf zeichnen
denn so wie ich mir selbst vorstelle
sein zu müssen
wäre ich perfekt für dich gewesen

alles versuchte ich:
das breiteste Lächeln aufzusetzen
die witzigste Person in deinem Umfeld zu sein
dein Leben jederzeit auf Knopfdruck erhellen
dich jeden guten Augenblick erhaschen zu lassen

was machte mich denn damals glücklich
frage ich mich jetzt
konnte ich denn selbst nie bemerken
dass ich ein Teil
deines glücklichen Daseins sein durfte

jedoch
kann ich nur so sein
wie ich bin
nicht jedes Gefühl verstecken
und dich stets aufmuntern

kann nicht nur g*eben*
sondern brauche auch mal
dieses *Nehmen*

ich bin erschöpft davon
nicht genug zu sein
und motiviert
endlich die Person zu sein
die ich einfach bin

Wann bin ich denn **okay**?
Wann werden meine Augen strahlender sein
als jeder funkelnde Edelstein
und meine Ausstrahlung so imposant,
dass sich jeder im Raum umdreht?

Ist es dann, wenn ich endlich perfekt aussehe,
damit mich keiner mehr darauf hinweisen kann,
dass ich nicht **okay** bin?

Ist es dann, wenn ich endlich
einen angesehenen Beruf ausübe,
damit mich keiner mehr darauf hinweisen kann,
dass ich nicht **okay** bin?

Ist es dann, wenn ich endlich
unter der Haube bin,
damit mich keiner mehr darauf hinweisen kann,
dass ich nicht **okay** bin?

Endlich:

Ich habe mein Aussehen verändert.

Bin ich **okay**?

Endlich:

Ich habe einen angesehenen Beruf.

Bin ich **okay**?

Endlich:

Ich habe einen Partner.

Bin ich **okay**?

Jetzt bin ich **okay,**

sagen die anderen.

Sagt mein Spiegelbild.

Sagt sogar jeder, der mich nicht kennt.

Aber warum

bin ich **erst jetzt okay**?

erinnere dich daran
wenn du nicht nett zu anderen warst
normalerweise nur auf deine Fehler starrst
dann wird dein Befinden
dich dazu bringen, Verletzendes zu sagen
sodass Andere überzeugt sind, zu versagen

sei bitte nett
denn auch du bist nicht perfekt

Hey, wir kriegen das hin.

Stell' dir den positivsten Menschen vor,

wie dieser denken könnte,

wie dieser das alles sehen könnte.

Denk' daran, wir kriegen das hin.

Denn die Zeit vergeht so schnell

und sie vergeht noch schneller,

wenn wir gleich aufgeben.

Da gibt es diese eine Chance.

Es ist nicht lächerlich,

an das zu denken,

was passieren könnte,

wenn wir positiv denken.

Hey, wir kriegen das hin.

Ich bin, Ich bin, Ich bin.

Es ist zu lange her,
als ich dies zu mir sprach.
Ein wenig wie eine Zauberformel
und kaum erforscht.
Ich suchte Antworten, beim Spaziergang im Wald.

Mein Trumpf ist längst umhüllt
von zu viel Nebel –
welch' ungewöhnliche Regel.

Ein Jahr ist vergangen.
Seitdem wusste ich nicht,
dass Karikaturen sich länger entfalten,
als es meine Worte je werden.

Ich glaube immer noch an den Höhenflug
welcher zu lange vergangen ist,
denn die Frist endete schon Jahre zuvor.

Meine innere Kraft tat mir immer gut,

so stupste ich aus mir ein klein bisschen Mut.

Ich erinnere mich an die letzten Wagnisse

und alle verflechteten Erlebnisse.

Meine innere Kraft habe ich wieder gewonnen,

arg und ärger wurde sie übernommen.

Die Vielzahl der Freude kam dann schließlich an,

doch immerzu frage ich mich, bis wann.

und nun bin ich besser dran
besser dran
und du fragst dich seit wann
seit wann
ich wagte 100.000 Schritte
100.000 Schritte
ich fand endlich meine Mitte
meine Mitte
das Wunder berührt mein Herz
mein Herz

ein Versprechen treibt mich wieder aufwärts
wieder aufwärts
denn mein Durchbruch ist bereits geschehen
bereits geschehen

und niemand wird dies übersehen
dies übersehen

verliebe dich in dein leben

auch wenn es sich so anfühlt

als hättest du es schon längst aufgegeben

dass nicht alles perfekt sein kann

ist etwas, was man aufsagen mag

aber eines sollten wir uns merken

und dies nicht ab irgendwann

lass' die magie des wunderbaren zustands

in den moment der unsicherheit fließen

denn dankbarkeit wird dich begleiten

und unterstützen in jeder weise

um die zufälligkeit zu fassen

einer freude des besonnenen weges für dich

ganz allein

was *diese Schönheit* ist

das weißt du eigentlich nicht

was du nur kennen willst

ist das Bild

welches durch die Medien

innerlich

integriert ist

deine Schönheit

die suchst du unaufhörlich

glaubst nicht an dein

inneres Leuchten

das deinen bezaubernden Kern

zum Ausdruck bringt

ich sage dir eines

Schönheit gibt dir mehr

als nur die optischen Wahrnehmungen

die sowieso

unterschiedlich

aufgefasst werden können

der Mensch ist dann schön

wenn er seinem Charakter gewährt

zu zeigen

wer er wirklich ist

ohne zusätzlich visuell

übertrumpfen zu wollen

denn das macht er dann

nur noch

wenn es ihm selbst gefällt

und nicht mehr zuliebe der Anderen

laufe nicht weg
vor deinem Gegner

vertraue
deinem inneren Licht

glaube nicht
es sei gelungener

wenn nur einer
von uns spricht

Millionen Blicke
wagen dieses Feuer

stehe starr
vor der Wand

reguliere mich
im nächsten Abenteuer

suchte Empathie
die ich nie fand

hey du

was denkst du, wohin wirst du gehen

wirst du bald denn endlich leben

und dich trauen, deine stimme zu erheben

nie mehr vergessen

dass deine aussagen zählen

hey du

was denkst du, wer liebt dich zuerst

derjenige, der deine hand nimmt und dich führt

der dir seine gunst erweist

aber vielleicht bist es du

der seinen wert erst selbst bestärken muss

hey du

was denkst du, wann wird es so weit sein

ohne zweifel jeden tag aufzustehen

denn deine seele zu bemängeln

ist nicht der schlüssel

der dein schloss öffnen kann

bevor du komplett in trauer versinken wirst

und ganz n-a-h
bin ich dran
wieder zu weinen
und ganz n-a-h
komm' ich knapp dran vorbei

weil etwas mich hindert
was den Stolz
aufrecht erhalten will

weil etwas in mir ruht
was den Eifer
aufrecht erhalten wird

Jemand hat dich schlecht behandelt
dein Kopf ist stets gesenkt
die schlechten Erinnerungen gestaffelt
die Angst, dass jeder so von dir denkt
ich will gar nicht wissen, wer es war
wenn ich könnte, würde ich dir alles Traurige nehmen
denn so wie du bist, bist du mehr als annehmbar
ab sofort wirst du dich nie mehr schämen

Gib mir deine Hand
dein Weg ist frei und wunderbar
kein Gedränge an die Wand
du bist unschlagbar

Du bist wertvoll
Du bist schön
Du bist mutig
Du bist einzigartig

Und immer wenn du nochmal fällst
dann ist deine Stärke in dir
alles was du halten wirst
du wächst erneut und stehst wieder hier

Ich glaube, Veränderung kann traurig machen.

Du wirst dich davon trennen,

was immer zu dir gehört hat.

Neue Entdeckungen werden dich

von nun an mehr prägen.

Du trauerst der Vergangenheit nach.

Ganz fest glaubst du daran,

nie wieder so zu sein, wie du warst.

Es fühlt sich so an,

als würdest du einen Teil von dir gehen lassen.

Ich glaube, Veränderung kann froh machen.

Du wirst dich davon trennen,

was niemals zu dir gehört hat.

Neue Entdeckungen sollen dich

von nun an mehr prägen.

Du lässt die Vergangenheit hinter dir.

Ganz fest glaubst du daran,

nie wieder so zu sein, wie du warst.

Es fühlt sich so an,

als würdest du einen Teil von dir entdecken.

Unbeobachtet gingst du entlang,

kamst nur über einen Umweg,

fandest dich wieder im ungünstigen Scheinwerferlicht.

Das Streben blieb standhaft,

das Leid wackelte unglücklich.

Du weißt doch, es ist Illusion,

an der wir weder schnitzen noch feilen können...

Ja, es geht noch ein bisschen mehr,

doch steil zeigt der Abhang in die Blässe.

Sie sagten: *"Du hast ein schönes Gesicht,*

aber kleistere dich nicht so zu."

Sie sagten: *"Du bist sympathisch, schade,*

dass du nicht schlank genug bist."

Sie sagten: *"Du bist doch klug, ein Jammer,*

dass aus dir nichts geworden ist."

Sie sagten: *"Du bist noch jung,*

trotzdem gehst du den besten Dingen aus dem Weg."

Sie sagten: *"Du bist nett,*

aber das war's auch schon."

Schau mich an, ich bin jetzt dein Spiegel.

Und nun schau dich an:

Du bist gut so wie du bist.

Dein innerer Wille strahlt durch deine Augen –

dieser Blick fordert deinen eigenen Mut heraus.

Dein Herz schlägt,

du lebst.

Du hast bis jetzt alles richtig gemacht.

Und du wirst es immer richtig machen.

alles wegwerfen, von vorne beginnen
neue Liebe und Kraft gewinnen
der Zeit ihren richtigen Platz gewähren
ohne mich selbst erneut zu bekehren
keiner wird es mir glauben und sehen
ich werde in mein neues Leben gehen

bedeutsam

niemals

wollte ich so reden

und schon gar nicht

von mir

doch weißt du, du wirst es vermissen

ich bin besser

als du denkst

ich sorge mich

mehr um dich

als um mich

und ich weiß nicht, ob du's merkst

ich bin ehrlicher als du denkst

das pure Ich

das ist die Seele

wie ich mich

zu verstehen gebe

dieselbe Energie

in meinem Herzen

kann den Charakter

im Leben bewerten

es ist nicht fassbar

aber

unfassbar

geht darüber hinaus

weit ins Unendliche

Ich erinnere mich zurück,

mit der Wehmut in meinem Herzen pochend.

Kann nicht hinein spüren,

ob ich die alten Zeiten zurück möchte.

Sie waren ein Teil meines Lebens.

Mit der Zeit gehen,

was blieb mir anderes übrig?

Veränderung war immer da,

jedoch nicht so immens.

Ich erinnere mich zurück –

es waren die Tage einer neuen Welle,

der Welle meiner Emotionen.

Sie waren Teil meines Lebens.

Der Wandel, immerzu, immer noch, ganz normal;

nicht besser als jetzt,

nicht schlechter als zuvor.

Einiges, das war zu viel, ich erinnere mich.

Sie waren und sind jedoch Teil meines Lebens.

Ich glaube an das *G u t e*.

Wenn lächelnde Menschen mir entgegenkommen,

mit zuversichtlichem Blick durch die Welt gehend.

Wenn *D a n k e* und *B i t t e*

über die Lippen huschen,

sich entschuldigt wird,

wenn aus Versehen ein Schubser geschieht.

Schöne Erlebnisse und Momente

mit lieben Menschen aus meiner Umgebung –

egal in welcher Verbindung

wir auch immer zueinander stehen.

Sehe vergnügte Familien durch den Park spazieren,

entspannte Damen und Herren im Café sitzen

und bemühte Gastgeber,

die ihre verdiente Anerkennung bekommen.

Ich glaube an das *G u t e*.

Manchmal,

verliere ich den Glauben an das *G u t e* dennoch,

denn immer wieder bekomme ich Angst.

Wenn ich die täglichen Nachrichten höre und

neue schlimme Ereignisse weltweit mitbekomme.

Wenn missgünstige Blicke von Menschen

herumschweifen oder eine Beleidigung

aus voller Kehle geschrien wird.

Wenn Menschen verurteilt werden

oder ein psychisch Erkrankter stigmatisiert wird.

Jedoch...

im nächsten Augenblick

kann ich wieder ein Lachen vernehmen,

darf ein Kompliment verteilen –

ernte eine glückliche Reaktion

von meinem Gegenüber.

Bemerke irgendwie und irgendwo,

dass sich einiges zum Guten verändert,

wenn auch langsam.

Doch, ich glaube an das *G u t e.*

Hallo Essanfall

ich habe dich nicht kommen sehen
die Angst vor dir war immer da
die Hoffnung groß
dass du nicht kommen magst

Hallo Körper

du schmerzt sogar im Liegen
ich wollte mich doch um dich kümmern
die Hoffnung groß
dass ich dich pflegen kann

Hallo Seele

was fehlt dir denn, ich komm' nicht drauf
du wirst geliebt und geachtet
die Hoffnung groß
dass du dies endlich merken magst

tja, wie fange ich an mit dir zu reden
du bist nämlich gleichzeitig Fluch und Segen

verbannen aus meinem Leben geht leider nicht
denn du bist eine lebenserhaltende Pflicht

ich hasse und liebe dich
genieße und verabscheue dich

du bringst mir guten Geschmack und Befriedigung
doch auch Würgen und Erniedrigung

stets auf dem Weg mit dir Frieden zu schließen
um die Balance zu finden endlich zu genießen

liebes Essen
bitte gib mir die Chance
zu zeigen wie ich mit dir umgehen kann
und sei es nur eine kleine Nuance
ich muss es lernen mit jedem Gramm

über die Essstörung

ich wusste nicht
was ich mit all den Gefühlen tat
also ging ich raus
in die volle Stadt
kaufte mir einen Kaffee
als nächstes eine Packung Chips
danach einen gesamten Wocheneinkauf

ich war wieder daheim
ich wog mich
ich fiel zu Boden
ich weinte
ich fing an zu essen
all die Kalorien sollten mich füllen mit
Liebe, Klarheit, Verstand
doch die Leere
und die Verzweiflung
zerfraßen mich
während ich fraß
ohne Sinn, ohne Genuss
ohne Ziel, ohne Verstand

ich bin erschöpft

ich möchte nicht mehr

was mache ich da?

ich bin so beschämt

der Ekel, der Hass

der Seelenschmerz

all dies hatte mich fest umarmt

der einzige Trost der mich leben ließ

war mir zu versprechen

ich werde nicht brechen

und morgen einfach weiterlächeln

was sie fühlt

bleibt in ihr drin

was sie fühlt

wühlt immerzu wild

was sie fühlt

kramt tief hinein

was sie fühlt

bestaunt sie allein

was sie fühlt

hat manchmal sinn

was sie fühlt

sinnt manchmal nicht

was sie fühlt

belebt das leben

was sie fühlt

bringt sie zum beben

was sie fühlt

tut ziemlich weh

was sie fühlt

ist für sie

manchmal nicht okay

was sie fühlt

wird gelernt zu verstehen

Wenn ich meine Augen schließe,

sehe ich all die Zeiten,

die ich noch durchleben werde.

Sie fühlen sich wie Zuhause an,

leuchten über alle Seiten und lassen mich fühlen,

genug zu sein.

Durch das Dunkle bin ich schon längst gegangen,

ich habe es nicht geliebt.

Doch nun liebe ich noch mehr als je zuvor.

Jetzt könnte ich jeden umarmen und anfangen,

alle Sterne am Himmel zu zählen.

Ich brauche nicht mehr zu hoffen,

denn alles Geträumte ist nun Realität;

und alles Vergangene ist bereits erlebt.

obwohl ich
alleine durch diese Straßen laufe
dem Trubel lauschen
und den Stress riechen kann

fühle ich mich
nicht alleine

ich höre die Herzen
eines jeden hier schlagen
die Energie eines jeden pulsieren
und fühle eine Verbundenheit

obwohl sich keiner kennt

ich liebe dich, Heimat

an diesem Ort
in welchem ich geboren war
kam ich vorbei
um mich blicken zu lassen

vorbei an der Schule
mit lehrenden Gefühlen
den grauen Straßen
voll lückenloser Erinnerungen
vorbei an der Bäckerei
dem Geruch der Einöde

lange nicht geschätzt
da geknüpft
an Fesselungen
meiner Selbst
doch mittlerweile
kann ich sehen
was ich gelernt habe
um darüber zu stehen
was mir blieb
an Erinnerungsstücken
unverweht

Was dir verwehrt worden ist,

kannst du nicht mehr nachholen.

Was dir angedichtet worden ist,

kannst du nicht mehr vergessen.

Was dir zu früh genommen worden ist,

kannst du nicht mehr zurückholen.

Ich sehe in dir noch das Kind,

welches sucht und kaum findet,

hofft und sich in traurigen Erinnerungen windet.

Immer noch behält und sich schwer trennt,

ehe es im Herzen getroffen wird

und voller Ängstlichkeit davon rennt.

Was du nicht fühlen kannst,

ist das,

was ich verstehen kann.

Für mich bist du die Wärme in der Kälte
und die Schönheit im Trübsal.
Das Funkeln am weiten Himmel,
der Star im vollen Saal.

Deine Sensibilität habe ich bekommen,
sie hat mich wie dich eingenommen.
So sind wir zusammen die Einheit,
die du dir gewünscht hattest,
als du noch so jung warst.
Zerbrechlich und gespannt,
was dieses Leben parat hat für dich.
Und in diesen Tagen
gibt es nun auch mich.
Ich liebe dich.

eines Tages
da ertrug ich nicht mehr
zu sein wie ich bin
ich strebte nach dem Sein
das du lebst
und das ergab für mich
irgendwie Sinn

ich wollte nicht mehr sein
was mich ausmacht
und trägt
mich bestimmt
und wählt

sondern nur noch wie du
mich fortbewegen

je mehr es mir gelang
mich selbst zu verlieren
desto weniger
konnte ich sein
wie du eigentlich bist

denn du bist
ein natürliches Sein
und ich
dein nachahmender Schein

bin nun auf dem Weg
zu meinem Sein
und merke
es ist nicht leicht

aber irgendwann
wird es leicht sein
endlich echt zu sein

mich selbst zu lieben
um nicht mehr
mein Sein
ewig zu verschieben

Ich fühle mich alt,

dabei bin ich dies noch nicht

laut gesellschaftlichem Inhalt,

denn da gibt es wohl eine klare Sicht.

Wer bestimmt denn dies, wer erlaubt sich überhaupt

auf dich zu deuten und mit Vorbehalt zu bestauben,

nur weil du anders fühlst, als der „Normale" erlaubt.

Alter ist keine Zahl

und

Zahl ist kein Alter.

Wenn der Vergleich einfach passiert,

ein niederer, innerer Wert sich manifestiert;

hab geglaubt es sei nichts ausprobiert,

jedoch immer an allem interessiert.

So
wollte ich alles,
plante ich alles,
träumte von allem,
und tat doch alles,
was die Kraft hergab.

Das Gefühl ist sich jetzt klar:

Nichts ist passiert.

Der Vergleich, der ewige Vergleich.
Er lässt mich zweifeln,
immer nur zweifeln, zweifeln, zweifeln.
Dann, dann, dann.

Dann fühle ich mich alt.

Spüre die Unsicherheit in mir steigen.

Diese Angst, wie jedes Mal, ist fast wieder da.

Ich kenne sie zwar,

aber ich möchte sie nicht kennen.

Ich weiß, dass alles gut wird.

Doch ich habe Angst vor der Angst,

dass sie mich wieder beherrscht

und meine Kontrolle raubt...

Wird alles gut?

Meine Freunde sagen, es wird alles gut.

Doch warum,

warum spüre ich dies nicht?

Was passiert,

wenn ich meine Kontrolle verliere?

Schreie, in diesem stillen Raum.

Ich möchte nicht auffallen, um keinen Preis.

Wird alles gut?

Ich fühle mich wie der letzte Idiot,
meinen Puls zu suchen
und die übermäßige Panik zu vertuschen.

Wenn es dann wieder vorbei ist,
dann ist es vorbei.
Und dann,
dann fühle ich mich wieder wie ein Idiot,
denn ich bleibe schweißgebadet zurück
und atme wie nach einem Marathon.

Aber es ist vorbei,
endlich vorbei.

Und meine Freunde hatten Recht.
Am Ende wird alles gut.

was ich alles erreichen möchte /
kann ich nicht aufzählen /
in einem Gespräch /
dem Gespräch mit mir selbst /
in dem ich schonungslos /
ehrlich bin /
und unabdingbar /
jeden Teil meines Gedankenganges /
aufzeigen will /

ich setze mich dazu aufs Bett /
schaue ich in den Spiegel /
oder spreche ich in meinem Kopf /
mit mir selbst? /
bin ich bereits ein Teil dessen /
was ich sein kann /
oder muss ich erst einen Beweis aufstellen? /
ich lese so viel und fühle dann zu viel /
ich habe zu viele Ideen und alle scheinen sie zündend /
ich weiß nicht, wo ich anfangen soll /
und ob es sich lohnt /
etwas zu Ende zu bringen /

hat das alles einen Sinn? /
hat mein Sinn etwas anderes im Sinn? /
bin ich bereit /
endlich ehrlich zu sein? /

an meine Emotionen /
gebt mir klare Signale und lasst mich nicht im Stich /
ihr dürft euch auch Zeit lassen /
aber nicht zu lange /
sonst gebe ich wieder langsam auf /
und habe die nächste Idee /

Es ist Nacht und dies schreibe ich nur *für dich*.

So höre ich in mir deine zitternde Stimme,
wie sie begreiflich zusammen reimte,
was es in deinem Leben für Kämpfe gab
und wie du still mit trockenen Augen weintest.

Stets immer am Rande und etwas anders,
abgeblockt und hingestellt.
„Dies gab es bei uns noch nie"
und passt somit in keine Kategorie.

Blind durch die Stadt,
auf der Suche nach dem wendenden Blatt.
Ohne Fülle in den lehrenden Räumen,
war die Leere in Magen und Psyche
wie eine pochende Beule.

Nah und näher auf vermeintliche Distanz,
nach dem finalen Schuss zu bitten war riskant.
Du dachtest:
Vielleicht wartet im Himmel endlich die Akzeptanz.

Ich weiß nicht wie ich dir danken soll,
dass du durchgehalten hast,
mit tiefen Atemzügen und eigener Barmherzigkeit,
du warst wahrlich schon immer gescheit.

Das was du mir gibst,
ist mehr als gut genug.
Du zeigst mir den Willen der Lebenskraft,
des Herzens und der Überlebensmacht.

Ich sitze hier und bin am Schreiben,
nehme mit all meiner Güte teil an deinem Leiden,
vergangen und präsent,
verbrannt oder dezent.

Ich sehe an dir,
der Wille ist verwandelt in tröstliche Energie.
So viel Dankbarkeit ein Teil von dir zu sein,
verbunden und verwandt,
Seelen mit ehrlichem Verstand.

Danke, dass *du* da bist.

Ich kann nicht *Nein* sagen
wenn ich gefragt werde

und

will nicht *Nein* sagen
wenn ich schon *Ja* gesagt habe

kann nicht das *Ja* verneinen
da mein *Nein*
dies nic bejaht hat

.

.

.

.

.

.

.

der Versuch, Everybody's Darling zu sein

so vergeht die Zeit
J a h r für J a h r
wir werden älter
das ist uns klar

jeder ist auf seinem Weg
und es tut auch nicht weh
denn so spielt das Leben
und trotzdem weiß jeder genau

wir bleiben F r e u n d e
es ist wie damals
und auch wenn du weit entfernt bist
unsere Verbindung hatte nie einen Riss

denn wenn wir uns wieder haben
war gefühlt nie Zeit vergangen
dann küss' ich dich wieder auf die Wange
hoffentlich dauert's bis zum nächsten
W i e d e r s e h e n
nicht allzu lange

wer war ich gestern

und wer bin ich heute

ich fragte mal meine Eltern
und ein paar andere Leute

ich startete meinen eigenen Kampf

gegen mich

oder nein, eher einen Wettkampf
ich wollte nicht so sein wie üblich

hübsch, charismatisch, irgendwo mysteriös

denn das alles war ich noch nie

will sein ein wenig schöner, viel mehr graziös
doch niemals von Anderen die Kopie

ich habe es doch gesehen

es sind die Perfekten

nach denen sich alle umdrehen
und die immer Aufsehen erwecken

warum ich das will

möchte ich eigentlich nicht erklären

ich gebe mir diesen Drill
möchte mich endlich selber ehren

ich muss besser sein

ich kann nicht mehr ertragen mich selbst zu befragen

ich will nicht mehr der ewige Sonnenschein sein
ich muss jedes einzelne Kompliment abnagen

hübsch sein muss weh tun

jedenfalls der Weg dorthin

ich kann mich auch vertun

das weiß ich erst wenn ich dort mal beginn'

zwei Menschen, so fühlt es sich an

drücken sich weg

keiner hält durch so lang

sondern jeder fühlt sich nun wie Dreck

was bringt mir denn das alles

innerlich zu sterben

zu suchen nach dem Wahren

meine Identität zu sehen in Scherben

ich bin alleine

ich bin mit mir in diesem Raum

warte auf sinnvolle Reime

ich bin nicht mehr ich, ich bin ein Clown

nehme deine Maske ab

und zeige wer du wirklich bist

Liebe Freunde,

irgendwie sind wir ein Zusammenspiel
getrennter Wege,
selbstbestimmend getrimmt in lebender Natürlichkeit,
wir haben nicht mehr das Gleiche
wie in der Vergangenheit;
es ist normal, ich weiß,
doch ich vermisse euch
und das ist nicht leicht.

Haben, Können, Tun und Lassen,
alles arrangiert oder einfach reisend belassen,
gar nicht so weit weg und doch nicht so nah,
es ist anders als es damals war.

Es ist normal und der Lauf der Dinge,
ich denke an euch und muss ziemlich vermissen,
glaubt mir, ich habe euch nicht vergessen,
bitte lasst mich wenigstens ein bisschen drin
in euren Herzen.

So gut wie ich dich kenne,
kennt dich vielleicht keiner,
du weißt es nur nicht
und siehst es auch nicht.

In diesen Ecken
im vermeintlichen Kreis
bilden Psyche, Intelligenz und Hoffnung
einen sehr großen Teil.

Das, was du dir gewünscht hattest,
ist nicht verschollen oder gar zurückgetreten,
du hast dir nur angewöhnt,
weniger darüber zu reden.

Und auch wenn du manchmal aufgeben willst
und deine Wut nicht im Zaum halten kannst,
weiß ich genau und das verspreche ich dir:

Deine Zukunft ist gefüllt von prächtigen Zeiten,
Zusammenhalt und fidelen Möglichkeiten.

Wie oft höre ich die Menschen sagen:

„Ich wäre gerne wieder ein Kind."

Unbekümmert,

immer lachend,

daheim,

beschützt.

Die Freude auch in den kleinen Dingen sehend.

Doch ich frage mich,

ob dies tatsächlich nur möglich ist,

wenn wir im Kindesalter sind.

Du schätzt die Zeit deines Lebens,

welche wichtig war

und kannst als Erwachsener nun deinen Weg gehen.

Es ist der Lauf der Dinge und merke dir:

Du kannst vieles ändern,

außer das Älterwerden,

doch das innere Kind ist immer in dir,

wenn du es nicht unterdrückst.

Sei unbeschwert

und immer lachend,

in deinem eigenen Heim

und sehe die Freude an den kleinen Dingen.

Ich habe es satt, dass nicht einfach jeder tun

und lassen kann, was er will.

Ich sage dir:

Ständig Kritik zu äußern,

macht dein Leben nicht besser.

Du erinnerst dich nur an eigene kleine Dinge, die dich

stören und machst dir damit das Leben schwer.

Denn es wird nie so sein, dass dir alles gefällt, wirklich.

Ich weiß, du denkst:

Früher oder sogar gestern war alles besser.

Aber das war es nicht.

Es ist auch heute nicht besser.

Aber es wird gut, wenn du das Beste daraus machst.

Vergleichen bringt einfach nichts.

Ich weiß, Vergleiche können auch schmerzhaft sein.

Weil es dir vielleicht damals besser ging als jetzt?

Oder es dir noch nie so gut ging,

dass du an ein „besser" denkst?

Doch du siehst Menschen die Straße entlanglaufen

und diese sind dir unsympathisch.

Du begutachtest

den Gang, den Blick, die Bekleidung.

Aber wenn du nach Hause gehst

und wieder davon erzählst,

was alles schlecht ist und was dir nicht gefällt…

wieso bist du dann so überrascht,

dass du unglücklich bist?

Es muss einem gar nichts gefallen.

Man muss sich auch nichts schönreden.

Man darf auch schimpfen.

Über manche Dinge muss geschimpft werden:

Über die, welche grausam und unverständlich sind.

Doch ist es nötig,

über das Aussehen eines Menschen zu urteilen

und seine ganze Energie darauf zu verschwenden?

Du tust dies, weil du einfach nicht glücklich bist.

Etwas Kleines, etwas Großes;

etwas, was dir selbst vielleicht nicht auffällt.

Vielleicht findest du es?

Du musst es natürlich nicht suchen.

Du musst gar nichts.

Aber du darfst glücklich werden.

Sonst ist es in deinen Augen immer jeder mehr als du,

auch wenn du es nie zugeben könntest.

Irgendwo mein Ebenbild
in Machart, Tun und Denken.
Äußerlich nachgeahmt,
charakterlich an nichts gespart.

Das, was uns beide <u>verbindet</u>,
ist auch das,
was uns beide so <u>unterscheidet</u>.

So einen Scheideweg wie wir,
hatte hier selten einer.
Dennoch gab es ein Zusammentreffen
von Resignation und selbstverständlichem Helfen.

Ich möchte dich wissen lassen,
dass ohne dich mein lebenslanger Weg
der Genesung
niemals hätte starten können,
denn wahrscheinlich würde ich immer noch warten;

warten, dass was passiert,
warten, dass du mich studierst,
warten, dass ich mich selbst finde.

Du hast mich wachsen und lachen sehen,
mich wütend und zerstört erlebt,
auf deine eigene Art und Weise realisiert
und geeignete Hilfen strukturiert.

Ein **Danke**,
täglich, stündlich oder minütlich,
reicht nicht um auszudrücken,
dass ich dank dir leben kann.

Ein **Danke**,
das nimmst du leider nicht mal an –
bist du dir deiner Kraft nicht bewusst,
oder spielst du alles nieder?

Ein **Danke**
gibt es jetzt noch einmal von mir,
denn auch wenn du es nicht hören magst,
weiß ich, dass du es spüren kannst.
Stark, ehrgeizig, warm und aufrichtig,
hoffe ich ein wenig von dir zu haben,
so wie du dies selbstverständlich
täglich zelebrierst.

Man hat mir gesagt, ich soll das tun,

was mich glücklich macht.

Solle nicht denjenigen zuhören, die gegen mich reden.

Meine Geschichte schreibe ich nämlich selbst.

Lasse mich nicht blenden

von langweiligen *Trotteln.*

War wohl zu lange in schlechter Gesellschaft,

aber ich gehe ja zum Glück nicht rückwärts,

sondern vorwärts.

Stark zu sein, ist doch kein Zeichen einer großen Klappe,

sondern zeichnet sich dadurch aus,

dass ich meine

eigene Geschichte

schreibe.

Unsicher?

Ach ja, das bin ich doch auch mal.

Gehört das denn nicht dazu?

Der Vergleich

mit anderen

hat noch nie etwas gebracht –

das bemerke ich spätestens jetzt.

Ich höre nicht mehr auf die anderen.

Nur wenn ich das möchte

und mein Herz mich dazu drängt.

Ich danke euch.

Ich versuche nun zu erzählen und hoffe das wird reichen,
um all den gleichen Fragen nicht mehr auszuweichen.

Was ich schaffen kann an neuem Leben und Bewusstsein,
wird mit vielen Eigenschaften und Äußerlichkeiten
gesegnet sein.

Die neue Seele wird sich entwickeln und spüren.

Aber jedes Mal, wenn ich deinen Name rufen werde,
weiß ich, du hast es auf dieser Erde nicht leicht.

Mein Einfluss ist da.
Meine Verantwortung ist anders geschürt und gelebt.

Ich trug dich in mir,
auch wunderschön und unvergleichlich,
aber jede Sekunde ist länger als eine Minute,
denn immerzu umfangen meine Ängste dich.

Es sind meine (noch nicht deine).

Ich kann den Komplex nicht verstehen,
dabei ist es für mich vorherzusehen.

Und es hat nicht nur mit Angst zu tun – nein,
mein Empfinden ist höchste Priorität der Wahrheit,
für mich allein.

Das reicht, denn ich verstehe mich selbst gut genug,
das Wachsen entsteht nicht immer im Flug.

Ich weiß wohin du gehörst seit dem ersten Tag,
auch wenn es dich in diesem Universum nie gab.

Meine Liebe in einer anderen Form existiert für immer,
so wie ich entscheide, sind wir beide Gewinner.

an das ungeborene Wesen
welches aus dem Druck der Gesellschaft
in der kinderlosen Frau
kreiert worden ist

ich erzähle dir meine Geschichte

ganz unverfroren und ohne Pein

ich erzähle dir meine Geschichte
ganz unverfroren und ohne Pein
sehr viel Angst hatte ich, da war ich noch ganz klein
wusste nicht wie mir geschieht und wollte irgendwie raus
doch die fesselnde Panik behielt mich im Haus
die Angst hatte mir verboten, alles zu erzählen
so konnte ich nur den momentanen Zustand wählen

manchmal war auch alles okay und ich vergaß
dass ich in mir einen sehr unsicheren Kern besaß
dieser ließ mich zweifeln ob die Welt vertrauensvoll war
so schrie ich nachts und auch mal tagsüber
ganz, ganz furchtbar
die beste Ausrede die mich beschützt hatte
war der schlechte Traum
welcher mich umwickelt hatte in dämpfender Watte

so lief das lange und immer mit diesem Gedanken
irgendwann kann ich nicht mehr laufen
nur noch wanken
ich werde schwächer
und weiß nicht wohin mit meinem Leid
doch wenn ich nichts tue, bleibt dies für die Ewigkeit

kann nur noch schreien und nach Luft ringen
das einfache Leben wird mir nicht mehr gelingen
überwinden und erzählen von all dem Ballast
machte mich erst einmal gefasst

noch nie war es möglich darüber zu sprechen
um nicht eine heile Welt zu zerbrechen
die Entlastung hatte mich ein wenig erreicht
alle übrigen Sorgen hätten mir nun gereicht

die Jahre vergingen und der Fokus lag nicht mehr da
wo er zunächst vorhin ganz nahe war
im Nachhinein war es auch gut
denn die Pubertät verlangte von mir großen Mut
zwischen suchender Liebe und Rebellion
war ich nicht immer dieselbe Person

die Gründe wieso der schmerzende Tiefpunkt kam
legte auch meine Gedanken lahm
konnte mein Spiegelbild nicht mehr sehen
mit voller Sicht
denn ich wusste nicht mehr
wem gehört dieses Gesicht

das Vertrauen meiner Umgebung
und des Körpers war erloschen
hätte nicht mehr überlebt die nächsten Wochen

dann begann eine Reise die andauerte bis heute
ihr habe ich zu verdanken
dass ich mich bald wieder freute
so umfangreich, langwierig und voller Facetten
man kann schon sagen, das ist mehr als nur „retten"

bewusst wird vieles erst im Nachhinein
die prägnanten Erlebnisse erschienen zuerst ganz klein

die Fahrt ins Leben zeigte:
es lief besser, wenn ich nicht mehr schwieg
fallen lassen in eine erst fremde Hand
kann entstehen lassen ein unverwundbares Band

der erste Schritt zu sich selbst und ins Herz
kann mich nur aufwärts bringen
fort von dem Schmerz

doch was ist nun das eigentliche Ziel
ich bin gefangen in diesem anstrengenden Spiel
es gibt andauernd was zu verbessern an mir
perfekt sein ist mein erstrebtes Elixier
doch mit Leib und Seele – ich gebe es zu
schnürt sich mir mehr und mehr die Kehle zu

was mir wichtig ist im Leben
habe ich immer geahnt und wollte es nicht pflegen
vertrauensvolle Menschen
Zufriedenheit und schöne Momente
sind die gar nicht überraschenden Argumente

anfangen zu danken und zu lieben
werde ab sofort versuchen
es nicht mehr von mir zu schieben

so gebe ich dir hier mit auf dem Weg
bau dir nicht selbst einen wackeligen Steg
du bist auf der Welt ums Glück dir zu wählen
wehre dich nicht gegen Körper und Seele
alles wird einfacher wenn du bist wie du bist
und dich nicht mehr an anderen misst

Alles Liebe für dich

deine
Bridget Mary Katherine

Birgit Maria Katharina Hopf
Jahrgang 91

ich schreibe Texte
inspiriert von Gefühlen
geleitet von Worten
gemacht mit Liebe

Mental Health
Empathie & Akzeptanz & Transparenz
für psychische Erkrankungen

Mein größter Traum hat sich mit diesem Buch erfüllt.
Danke.

Weitere Texte von mir findet ihr auf Instagram:
@bridgetmarykatherine